刘树枫　等　著

保险资金参与
"一带一路"基础设施建设投资分析

BAOXIAN ZIJIN CANYU
"YIDAI YILU" JICHU SHESHI JIANSHE TOUZI FENXI

中国财经出版传媒集团

经济科学出版社
Economic Science Press

图书在版编目（CIP）数据

保险资金参与"一带一路"基础设施建设投资分析 /
刘树枫等著 . -- 北京：经济科学出版社，2022. 10
ISBN 978 - 7 - 5218 - 4129 - 9

Ⅰ. ①保⋯　Ⅱ. ①刘⋯　Ⅲ. ①保险资金 - 应用 - 基础
设施建设 - 投资分析 - 世界　Ⅳ. ①F299. 1

中国版本图书馆 CIP 数据核字（2022）第 194579 号

责任编辑：杜　鹏　刘　悦
责任校对：刘　昕
责任印制：邱　天

保险资金参与"一带一路"基础设施建设投资分析
刘树枫　等著
经济科学出版社出版、发行　新华书店经销
社址：北京市海淀区阜成路甲 28 号　邮编：100142
编辑部电话：010 - 88191441　发行部电话：010 - 88191522
网址：www. esp. com. cn
电子邮箱：esp_bj@ 163. com
天猫网店：经济科学出版社旗舰店
网址：http：//jjkxcbs. tmall. com
固安华明印业有限公司印装
710 ×1000　16 开　9. 25 印张　150000 字
2023 年 2 月第 1 版　2023 年 2 月第 1 次印刷
ISBN 978 - 7 - 5218 - 4129 - 9　定价：59. 00 元
（图书出现印装问题，本社负责调换。电话：010 - 88191510）
（版权所有　侵权必究　打击盗版　举报热线：010 - 88191661
QQ：2242791300　营销中心电话：010 - 88191537
电子邮箱：dbts@ esp. com. cn）

前　　言

　　"一带一路"是"丝绸之路经济带"与"21世纪海上丝绸之路"两者的简称，"一带一路"沿线国家以新兴经济体和发展中国家为主，包括中亚、南亚、西亚、东南亚和中东欧等国家及地区，这些地区总人口合计44亿人，经济总量约21万亿美元，分别占全球的63%和29%，是目前全球贸易和跨境投资增长较快的地区。随着这些国家和地区工业化及城市化进程加快，基础设施投资需求越发旺盛，然而，各个国家在基础设施建设和改造的过程中面临着巨大的资金缺口，亟须建立多层次、多元化、多主体的投融资体系，无论各国政府还是企业界、学术界都已达成共识，认为基础设施融资对"一带一路"建设至关重要，也承认存在巨大融资缺口。随着保险业的快速发展，我国保险资金呈现大规模的增长趋势，保险资金投资渠道与保险资金配置压力不断增加，这就需要不断地优化保险资金资产配置，以获取足够的资金流和稳定的投资收益。

　　本书从保险资金参与"一带一路"基础设施建设投资的必要性及可行性入手，分析保险资金参与"一带一路"基础设施投资的风险与收益情况，为推进我国支持"一带一路"基础设施建设提供资金支持的健康、协调、可持续发展提供决策参考。本书研究内容主要包括以下三个方面：第一，对"一带一路"沿线基础设施建设及资金缺口进行研究。资金需求是引致投资的基础，本书首先对"一带一路"沿线国家基础设施合意投资规模进行预测，主要是基于一国在特定发展阶段基础设施投资规模占国内生产总值（GDP）的比重进行测算。基于基础设施投资规模占 GDP 的比重对"一带一路"沿线国家的基础设施建设需求进行预测，预测得出 2017～2020 年"一带一路"沿线国家基础设施建设的资金总需求大约为 1.5 万亿美元，各国政府解决 60%～70% 的资金需求，各类国际性金融资本解决 6%～10%，商业金融机构解决 5%～8%，那么还有 15%～25% 的资金缺口需要民营机构的参与，即 2250 亿～3750 亿美元。同时，"一带一路"沿线国家多数经济不发达，本国财政难以担负大量的基础设施建设资金缺口，就需要其他的资金来源，除了各类国际性金融资本和商业性银行机构这两项资金来源以外还存在大量的资金缺口。第二，对保险资金参与"一带一路"基础设施建设可行性及必要性进行研究。本书借助 VaR 模型，以上证指数、上证国债指数、上证基金指数、一年期 SHIBOR、国房景气指数、上证 180 基础设施以及"一带一路"板块为样本数据，对保险资金运用于"一带一路"基础设施建设进行组合风险度量与绩效评价。采用两种方式：一种是在收益率不低于固定水平的情况下求得保险资金投资组合的最小 VaR 值，以使投资组合风险最小；另一种是在组合风险不超过一定水平的情况下，求得保险资金的最大收益率。实证分析得出，加大"一带一路"基础设施建设的投资可以在保持一定水平收益率的基础上降低投资风险，或者可以在控制一定风险水平的基础上提高保险资金的投资收益率。第三，对保险资金参与"一带一路"基础设施建设可以优化保险资产配置结构进行研究。本书采用传统马科维茨（Markowitz）资产配置理论及模型对我国保险资金投资情况进行研究，主要从两个方面进行：一方面在给定现有保险资金资产配置渠道的条件下，按照保险资金投资类型及相关规定对我国保险资金各渠道投资比例进行优化研究；另一方面，通过资产配置理论及经典马科维茨均值—方差模型，构建优化的保险资金资产配置模型，对现行保险资金资产配置的比例优化和加入"一带一路"基础设施建设的渠道优化两个方面对保险资金资产配置优化问题进行研究。实证分析得出，将"一带一路"基础设施建设作为保险资金资产配置项目后，拓宽了保险资金资产配置渠道，为保险资金投资提供新的投资选择。另外，运用夏普比率选取马科维茨模型测算的传统资产配置优化组合与渠道优化资产配置组合的最优结果，而加入"一带一路"基础设施建设的渠道优化后的保险资金投资组合具有更高收益率，使"一带一路"参与保险资金资产配置更加具有可行性和说服力。保险资金对于"一带一路"基础设施建设的投资，能够为保险企业带来的收益更高，是保险资金进行资产配置的一种最佳选择。

在进行调研、收集大量资料和数据的基础上，历时 4 年多，多次讨论，广泛听取专家意见，最终形成了本书的研究成果。

本书是在西安财经大学刘树枫教授主持完成的中国（西安）丝绸之路研究院项目《保险资金参与一带一路基础设施投资分析》（项目批准号：2017SY02）基础上修改完成的，本书在写作过程中得到了西安财经大学及中国（西安）丝绸之路研究院的大力支持，在此表示感谢！课题组成员许娇、史闻、鲜芮等为本项目的完成做了大量的工作，其中，鲜芮完成第三章、第六章等的写作，史闻完成第四章、第五章等的写作，许娇完成第二章、第七章等的写作，也表示深深的谢意。

受理论水平和研究资料的限制，本书研究内容难免有疏漏之处，敬请读者批评指正。

刘树枫

2022 年 9 月 16 日

目　录

|第1章|
国内外文献综述

1.1　国外文献综述

部分发达国家具有十分完善的保险体系，其保险公司在资本市场有着极其重要的作用，很多学者都对保险资金的投资进行了各方面的研究。本书通过对保险投资相关文献进行梳理，发现各国学者的研究主要有以下四个方面。

1.1.1　保险投资相关理论的研究

1.1.1.1　投资组合理论

投资组合理论方面最出名的是马科维茨（Markowitz）于 1952 年发表的《投资组合选择》，这篇文章标志着现代投资组合理论的产生。马科维茨（1952）采用风险资产的期望收益率（均值）和方差（或标准差）对投资过程中的资产投资组合的抉择进行研究，通过资产的投资组合不仅可以降低风险，还为资产的投资提供更多的选择性。投资组合风险是由不同资产各自的方差（风险）——协方差共同决定的。这样，关于大量不同资产的投资组合选择的复杂多维问题，就被约束成为一个概念清晰的简单的二次规划问题，即均值—方差分析。詹姆士·托宾（James Tobin，1958）从两个阶段阐述了马科维茨投资组合理论：第一个阶段是确定风险最小的投资组合；第二阶段是在第一阶段确定的投资组合和无风险投资组合之间进行资产配置。资本资产定价模型（capital asset pricing model，CAPM）是由美国学者威廉·夏普（William Sharpe）、林特尔（John Lintner）、特里诺（Jack Treynor）和莫辛（Jan Mossin）等于 1964 年在资产组合理论和资本市场理论的基础上发展起来的，主要研究证券市场中资产的预期收益率与风险资产之间的关系，以及均衡价格是如何形成的，是现代金融市场价格理论的支柱，广泛应用于投资决策和公司理财领域。资本资产定价模型显示，具有不同收益特征的资产组成投资组合的收益是增加的，但是进行资产的投资组合后的风险却比投资组合前各个资产自身风险的加权平均值低。因此，威廉·夏普等得出结论：通过不同资产的组合进行投资能够有效地降低风险。他还区分出系统性风险和非系统性风险，而且认为，通过投资组合的方式可以分散或者降低非系统性风险，但是系统性风险不可分散。兰伯特和霍夫兰德（Lambert and Hofflander，1996）通过对保险人期望收益函数的假设，用马科维茨投资组合理论研究了财产保险的投资，增强了预测的精确度。约翰·D. 斯托（John D. Stowe，1978）在研究寿险资金投资组合的问题时，通过 "可能性约束模型" 的建立，认为保险公司类似于准备金成本和盈利剩余这种非营利性质的变量会影响投资的可行性，并且通过研究发现这种非营利的变量与投资组合的风险成正比。阿尔弗雷德·J. 弗罗斯特（Frost A. J.，1983）在寿险投资过程中将保险基金的结构加入研究范围内，以此来研究现代投资组合模型是否可行。大卫·巴贝尔（David F. Babble，1992）提出了保险公司风险的原理及方法，对保险资金的运用和风险管理过程进行了全面的分析。凯瑟琳·海内布里和珍妮特·戴蒙德（Kathleen L. Henebry and Jeanette M. Diamond，1998）通过对 55 家寿险公司数据的收集整理，认为保险市场的限制条件对保险资金投资组合的作用并不显著。这 55 家公司在资金运用上对债券和房地产的投资占比比较稳定，股票投资占比浮动较大，另类投资增长较快。弗兰克·法博奇（Frank J. Fabozzi，2001）通过对保险市场的实际情况的分析提出了保险资金投资管理的一般程序、投资及风险管理的原则和方式，并将这些理论运用到欧美发达国家保险公司的实际运用中，使这些公司都建立起更加完善的保险资金运用结构体系。伯哈德（Bemhard，2003）认为，现代投资组合模型会受到市场风险的影响，使模型在实际运用中存在不确定性，使研究结构误差较大。戴斯蒙德·李（Li Desmond W. P，2010）分析了中国寿险资金在中国较为严格的监管约束下的投资组合结构，认为收益率与保险资金的市场化程度相关。拉玛·康特和彼得·坦科夫（Rama Cont and Peter Tankov，2003）通过对保险资金投资组合过程中不同项目资产的投资比例的固定，认为该种固定比例的投资组合方法可以维持较低的风险。

1.1.1.2　投资组合方法研究

保险市场发达的西方国家对于资产配置研究起步较早，而且通过不断的研究和深入的探索，形成了较为完善的资产配置相关理论体系和十分成熟的资产配置定量分析方法。

马科维茨（1959）开辟了投资组合理论的新时代，作为投资组合理论的创始人，提出了投资组合的方差和收益率思想，指出每一位投资者不是追求一定风险内尽可能大的收益，就是在一定收益率的前提下风险尽可能最小化；约翰·马歇尔和维普尔·班赛尔（John F. Marshall and Bansal V. K，1992）从金融工程学角度研究了资产负债管理理论，通过资产与负债间的某种组合以实现企业的收益并降低风险，进而将其作为一种概念性工具作为降低风险的手段；迈克尔·布拉德福德（Bradford Michael，2010）认同将险资引入基建发展领域本身就面临着各种各样的风险，因此，应该加强风险管理理论在实际项目中的应用。

此后更多的研究是对马科维茨理论的扩展，投资理论越来越丰富。纳丁·加策特（Gatzert Nadine，2014）认为，基础设施投资的关键取决于投资类型及风险品种，因而加强对不同类型的基础设施进行研究以及风险的把控，以便更好地服务于基础设施项目的建设；彼得希伯（Hieber P，2015）指出，保险公司在进行投资组合时可以通过有效的监管框架进行优化，这样可以减少保险公司所承担的风险。

1.1.2　保险资金资产配置研究

马科维茨（1952）首次以风险资产的收益率和风险之间的相关关系为研究出发点，对在不同经济条件下资产配置如何优化的问题进行分析讨论，这一研究预示着现代资产配置理论的诞生。罗伊（Roy，1952）认为，应该将投资组合收益小于既定风险发生的可能性作为资产配置决策的基础来对投资组合的均值（收益）和方差（风险）进行选择，同时，他提出了"安全第一"模型，这个模型的提出为后来 VaR 等风险量化模型奠定了基础。马科维茨（1959）提出了系统化的资产配置理论，并利用资产配置理论中经典的"均值—方差"模型对家庭和企业在不确定的经济条件下如何进行良好的资产配置并实现稳定的投资收益进行研究。派尔和托洛维斯基（Pyle and Turnovsky，1970）采用数学方法对"均值—方差"模型和"安全第一"模型进行比较分析。默顿（Merton，1971）从动态角度出发研究可以让投资者利益最大化的最优资产配置。吉福德·方（Fong，1984）设计了 M2 资产配置战略。帕特森（Patterson，1984）从保险资金的流动性出发，认为只有在保证承保端资金流动正常的情况下保险资金进行资产配置才是可行的。费希尔·布莱克和罗伯特·利特曼（Fischer Black and Robert Litterman，1992）通过对"均值—方差"模型假设条件放宽，将投资者观点纳入假设条件，建立了经典的 B-L 模型，这一模型的构建解决了"均值—方差"模型存在的部分问题。雷迪和穆勒（Reddy S and Mueller M，1993）研究发现，保险市场将保险资金进行资产配置时，一旦把风险敞口扩大，投资组合的收益率会增加，但也会带来更多的信用风险和监管限制，从而使投资成本增加。这是因为，当保险资金资产配置的风险加大时，势必会引起相关管理部门关注，从而导致监管成本的增加，同时会导致债权人对增加的风险的担忧，使信用成本增

大。因此，保险市场在进行保险资金资产配置的时候，必须要权衡好收益率
与风险特征匹配的问题。

1.1.3　保险资金运用风险研究

保险资金运用是保险行业运行的重要环节，与承保业务的地位并重，其
内在是一个复杂的系统，既要与保险公司自身的发展状况相结合，又要了解
保险公司的外部环境，尤其是对投资市场现状、市场规律以及市场发展要有
充分的认识与了解。保险资金在瞬息万变的资本市场进行投资，自然就会面
临风险。

哈里格顿和纳尔逊（Harrigton and Nelson，1986）发现，保险资金投资
风险与保险公司存在一定的关系，负债性是保险资金的一大特点，保险资金
的结构会改变保险资金的投资风险，保险资金中负债资金占比会随着投资风
险的升高而降低。拉斯特、拉图里（Laster D and Raturi M，2002）和贝埃
（Bee M，2005）从保险公司自身抵御风险角度出发，提出了构建保险资金投
资组合策略，以抵消资金投资中的风险。

菲利普·乔端（Philippe Jorion，1996）提出了保险公司在做投资计划时
应该将市场的系统风险纳入考虑范围，合理配置资产以实现对风险的规避和
分散，有效使用资产证券化工具与金融衍生品。

1.1.4　保险资金运用绩效评价研究

国外较早对保险资金运用绩效评价进行研究，兰伯特（Lambert，1966）
首次将马科维茨投资组合理论引入保险资金投资研究之中，并以财险公司为
例，对其投资组合进行了研究。佩雷森（Pererson，1984）在马科维茨模型
的基础上，引入风险限定作为约束条件，建立了保险资金投资模型，为评价
保险资金运用效率奠定了基础。梅赛德斯和路易斯（Mercedes and Luis，
2012）以西班牙养老保险为研究对象，对其基金绩效与养老保险费用的关系

进行了研究，发现绩效水平与养老基金呈反比关系。

1.2　国内文献综述

我国保险行业虽然没有国外那么发达，但是对于保险资金的投资研究比较丰富，通过对相关资料进行梳理，主要有以下四个方面的研究：保险资金的运用情况、保险资金投资于基础设施的模式研究、保险投资于基础设施的风险研究、保险投资于基础设施的实证分析。

1.2.1　保险资金的运用研究

很多学者都对保险资金的投资现状进行分析，但更多的是同国外发达国家进行的对比分析，具体如下。

王绪谨（1998）通过将西方发达国家与我国保险资金投资现状进行对比，提出了可以通过灵活选择投资策略、将更多资金投资于有价证券、优化资产配比等方式来提高我国保险资金的投资收益率及发展状况；孟昭亿（2005）通过研究美国、日本等国家的保险资金运用现状以及资产负债配置结构，提出了我国保险资金投资的启示和建议，指出在保险资金运用过程中要注重风险的控制；王莹（2007）提出，较其他金融行业相比，我国保险行业随结构的不断调整其投资收益率是不断提高的，尽管在发展的过程中有很多问题，但总的来说其前景还是比较光明的；郑功成（2014）分析指出，我国险资境外投资也存在很多问题，其参与境外基建领域所面临的风险多且复杂，前景不明朗，因此，将其进行境外投资时应严格控制好资产的配置比例；邓佳佳（2015）提出，我国保险公司应该利用好自身条件及所处的政策环境且借鉴国外比较好的实践经验，使保险行业更好地发展。

1.2.2　保险资产配置研究

我国关于保险资金资产配置的配置研究大多基于国外成熟的资产配置理论方法并根据我国保险市场的实际情况进行研究分析。

姚京、袁子甲（2005）以马科维茨经典理论为依据，构建均值风险模型和资本资产定价模型（CAPM），研究风险管理与资产配置的关系。2009年庄新田、姜硕以CvaR模型为实证分析模型基础构建了符合年金特点的资产配置模型，通过不同指标代替年金研究分析其资产配置的变化情况。段国圣（2013）可以通过未来经济市场的趋势预测进行资产配置，在特定的宏观经济周期内选择较为优异的资产进行配置。在保险资金投资新政的背景下，他认为，寿险公司更应建立多种资产配置方式，不仅要在传统资产项目上配置更好的资产，还应该依托保险资金具有长期性和流动性的优势特点，在另类投资项目中例如基础设施、股权、不动产等项目进行资产配置。王兵、苏健（2013）利用均值—方差对我国保险新政策出台实施前后的保险资金进行资产配置分别进行了实证研究，研究结果表明，保险新政的发布对保险公司注重资金风险、优化保险资金投资方式和提高资金运用效率起到一定的促进作用。李明亮、倪玉娟、谢海林（2013）对经济合作与发展组织（OECD）国家的保险资金资产配置特征进行概括分析，对中国、美国、日本三国的保险资金资产配置的发展进行横向比较分析，总结了中国与美国、日本在保险资金资产配置存在差异性的原因，并给我国保险资金资产配置提出建议。白冰、逯云娇（2013）从保险资金资产配置渠道出发，利用资产负债久期免疫的方差策略进行实证研究分析，得出保险资金对国债、银行存款等固定收益类项目的资金配置比。韩铭珊从保险公司投资非标的产品的准入条件、配置比例、投资组合、基础标的的评价体系、信用风险评价以及投资后的资产管理六个方面对非标的产品进行资产配置的可行性和风险进行分析。梁超群（2015）选取VaR模型进行实证研究，以招商银行为样本主题，对我国商业银行的资产配置情况进行分析。王颢、潘文捷（2016）通过 B-L 模型、马科维茨投资组合模型和时间序列模型对保险资金在不同时期下的资产配置进行研究，发现资产配置是一个动态的过程，需要考虑诸多因素，例如宏观经济政策、投资者偏好等，从而提出保险资金资产配置要注重配置资产的质量。申社芳（2016）通过比较当前较为常用的三种现代资产配置理论对我国资本市场适用性，研究现代资产配置理论在我国保险市场的可行性。罗鸣（2017）分析了美国、英国和日本的保险资金资产配置情况，认为依照当前的经济形势，我国保险市场要勇于调整资产配置现状，高度重视保险资产全球化配置、另类资产配置同时要维持保险资金收益率的长期稳定性。

1.2.3　保险资金参与基础设施投资模式研究

关于保险资金参与基础设施建设的投资模式，主要有信托模式、租赁模式、股权投资计划、股债结合模式、PPP 模式等。

孙祁祥、朱南军（2004）提出，保险资金投资基础设施建设可以通过贷款、市政债券及资金信托的模式；任泽华（2008）介绍了国外保险资金投资基础设施的现状、历史和收益情况，并认为，在我国保险监管制度在不动产投资比例和形式还不完善的情况下，保险资金主要采取租赁加自用的方式；李海超（2009）发现，保险资金以信托基金的方式投资不动产是保险公司一种重要的投资方式，因为信托具有高流动性和高收益性，这与保险经营活动的某些特性是相吻合的；罗桂连（2015）指出，保险资金参与基础设施建设时可以采用政府和社会资本合作模式（PPP 模式），并指出了该模式可以加强风险管控能力、有效管理投资风险，同时进一步分析了该模式在基础设施建设方面的优势。

1.2.4　保险资金投资基础建设的风险研究

保险资金参与基础设施建设领域会面临各种各样的风险，因为"一带一路"倡议涉及领域太多，国别情况不一样，例如政治风险、法律风险等，如果出现重大的风险将会危及整个保险行业乃至对整个金融市场以及对社会的稳定产生重大影响，因此，利用保险资金进行基础设施投资时一定要严格分析其所面临的风险并针对不同的风险提出相应的管控方法，具体研究如下。

黄华明（2001）指出，金融行业之间是相互联系的，虽然证券、银行和保险处于三个不同的版块，但其中一个领域发生危机就会殃及其他乃至整个金融市场，因此，应加强金融行业的风险管理研究；韩信波（2010）认为，投资于具有保值和增值特点的基础设施建设项目，对寿险公司控制通货膨胀风险很有利，在投资模式上基础设施债权计划是比较好的选择，投资基金也是一种新的有效投融资方式，同时通过严格限制规模和比例，分散投资以把控风险；魏瑄（2015）通过借鉴国外经验，认为应增加股权投资来提高基础设施建设项目的长期收益，同时增加一些附加条款来保证其资金投入的安全性，还可以将基础设施单独作为保险资产配置中的一类资产，这样可以更为清晰地认识其风险特征。

1.3　文献述评

从以往的研究成果来看，国内外学者对保险资金投资组合、资产配置的理论和方法都进行了广泛而深入的研究，资产配置理论得到延伸和发展，更加符合当代金融发展的特点。对保险资金的运用研究，多数学者理论地分析了保险资金投资基础设施的规模、保险资金的投资结构、风险及收益水平、存在的问题，并针对问题寻求解决办法；在实证分析领域，运用了多种方法和模型对保险资金参与基础设施建设的投资状况进行度量，但多数研究以本国投资研究为主，对参与境外基础设施领域投资涉猎较少。并且在定量分析中，很少将保险资金投资基础设施这一渠道与其他投资渠道进行对比，从而难以直观地了解保险资金参与基础设施建设投资所面临的风险是处于哪种水平。本书主要从保险投资理论出发，分析了保险资金参与"一带一路"基础设施建设的必要性和可行性，进一步提出了保险资金参与基础设施投资的模式以及所遇到的风险，并基于投资理论从保险资金参与"一带一路"基础设施建设的风险、收益以及期限匹配三个角度进行系统分析，研究比较全面，具有现实意义。

| 第 2 章 |

"一带一路"基础设施建设及投融资现状

2.1 "一带一路"基础设施建设概述

基础设施建设是用于保障国家或地区社会生产以及居民生活的公共服务系统，是经济社会赖以发展的基本物质条件。规划良好、布局合理的基础设施网络不仅有助于推动经济增长、提高生产率、促进就业，还可以通过基础设施的互联互通促进商品、服务和人员的跨境自由流动，进而促进区域经济合作的发展。据世界银行统计，基础设施每增加1%，GDP也同步增长1%，因此，各个国家和地区都非常重视基础设施建设。

"一带一路"沿线国家概况

"一带一路"[①]（The Belt and Road，B&R）是"丝绸之路经济带"和"21世纪海上丝绸之路"的简称。"一带"是在陆地，它有三个走向，从中国出发，一是经中亚、俄罗斯到达欧洲；二是经中亚、西亚至波斯湾、地中

[①] "一带一路"总体包括66个国家，中国、东亚的蒙古国、东盟10国、西亚18国、南亚8国、中亚5国、独联体7国、中东欧16国。

海；三是中国到东南亚、南亚、印度洋。"一路"在海上，重点方向是两条，一是从中国沿海港口过南海到印度洋，延伸至欧洲；二是从中国沿海港口过南海到南太平洋。本书沿用这个主流认定的国家范围，对"一带一路"沿线国家的基础设施建设状况进行研究。

通常来讲，一个国家的经济发展水平与其基础设施建设的水平呈正相关趋势，经济较为发达的地区其基础设施建设水平较高，反之则相对较为落后。通过对"一带一路"沿线国家进行分析，我们发现，其大多为经济欠发达地区，基础设施总体来讲发展不完善。"一带一路"沿线除中国外涉及 65 个国家，范围最远可至东欧等区域。在 65 个国家中，发展中国家占绝大多数，根据世界银行对国家收入水平的分类，我们可以将以上国家分为四类，即高收入国家、中高等收入国家、中低等收入国家和低收入国家，具体如表 2.1 所示。

表 2.1　　　　　　　　"一带一路"沿线国家收入水平情况

收入水平	国家
高收入	新加坡、文莱、以色列、沙特阿拉伯、阿曼、阿联酋、卡塔尔、科威特、巴林、希腊、塞浦路斯、波兰、立陶宛、爱沙尼亚、拉脱维亚、捷克、斯洛伐克、匈牙利、斯洛文尼亚、克罗地亚
中高等收入	马来西亚、泰国、伊朗、伊拉克、约旦、黎巴嫩、马尔代夫、哈萨克斯坦、土库曼斯坦、俄罗斯、白俄罗斯、阿塞拜疆、亚美尼亚、波黑、黑山、塞尔维亚、阿尔巴尼亚、罗马尼亚、保加利亚、马其顿
中低等收入	蒙古国、斯里兰卡、印度尼西亚、缅甸、老挝、柬埔寨、越南、菲律宾、埃及、巴基斯坦、不丹、乌兹别克斯坦、吉尔吉斯斯坦、孟加拉国、乌克兰、格鲁吉亚、印度
低收入	叙利亚、也门、阿富汗、尼泊尔、塔吉克斯坦

注：缺少土耳其、摩尔多瓦以及巴勒斯坦地区数据。
资料来源：世界银行数据库。

"一带一路"沿线国家中，处于"一带"沿线的中亚地区中只有哈萨克斯坦基础设施建设指数高于全球平均水平；处于"一路"沿线的东亚地区中半数国家指数低于全球平均水平，并且南亚地区极为落后，其他国家指数均远低于全球平均值。据亚洲开发银行测算，21 世纪前 10 年间，各地区在其内部基建领域资金投入量约为 8000 亿美元，在互联互通基建领域资金需求量为 3000 亿美元才可以达到世界平均水平, 可见资金需求量巨大。

2.2 "丝绸之路经济带" 沿线国家基础 设施建设及投融资现状

"一带一路" 沿线国家以新兴经济体和发展中国家为主, 包括中亚、南亚、西亚、东南亚和中东欧等国家及地区, 这些地区总人口合计 44 亿人, 经济总量约 21 万亿美元, 分别占全球的 63% 和 29% (袁佳, 2016), 是全球贸易和跨境投资增长较快的地区之一。随着这些国家和地区工业化及城市化进程加快, 基础设施投资需求越发旺盛, 然而, 受经济发展水平制约, 目前区域内多数国家和地区的基础设施建设仍存在 "联而不通、通而不畅" 的问题, 必须进行建设和改造, 否则将极大地制约区域贸易的发展。根据世界贸易组织专家评估, 基础设施差的国家比基础设施中等水平国家的贸易额减少 1/3。

"一带一路" 沿线国家主要基础设施融资需求包括以下三个方向: 一是交通基础设施, 涉及铁路干线建设、公路网建设和港口改造; 二是资源基础设施, 包括能源与其他矿产资源的勘探开发、道路与管线运输、冶炼加工等领域; 三是线网基础设施, 主要指电信固网宽带的升级改造和智能化电网建设, 必须进行建设和改造, 否则将极大地制约区域贸易的发展。"丝绸之路经济带" 沿线许多国家基础设施建设均严重滞后, 成为制约经济发展的重要因素。

2.2.1 中亚—俄罗斯—欧洲沿线基础设施建设及投融资现状

2.2.1.1 中亚地区

中亚国家作为上海合作组织的重要成员, 是 "一带一路" 倡议重点惠及对象。该地区经济发展比较缓慢，政府财政能力匮乏，在缺乏融资途径的情况下，基础设施的投入远远不足。究其原因，该地区地貌广阔复杂，公路建设难度大、成本高、效益低，建设也相对落后，无法与铁路形成衔接流畅的物流运输网络，并且基础设施建设年久未修，基建水平低下成为制约该地区经济发展的一个重要因素。但是作为"一带一路"互联互通的几条重要线路必经之地与东亚地区和欧洲地区的贸易枢纽承担着亚欧陆桥过境的主要通道，应该大力发展该地区的基础设施建设。

2.2.1.2　俄罗斯

受 2008 年国际金融危机的影响，俄罗斯经济在 21 世纪初经历新一轮高速增长后出现衰退，而后迅速恢复。纵观俄罗斯的发展历史，21 世纪初的近 10 年俄罗斯国内投资总额占国内生产总值的比重年均为 22%，其经济指数增长依然比较低，经济综合实力远远低于同时期的中国（44%）和美国（33%），甚至不及印度尼西亚（28%）的经济发展水平。为了使本国的经济能够快速发展，综合实力不断变强，随后多年俄罗斯将以基础设施建设作为本国的核心，可见，这给中国基建行业的发展带来了很好的投资机会[①]。

2.2.1.3　中东欧地区

中东欧国家连接西欧与西亚、俄罗斯等，是重要的经济交通枢纽，这些年政治形势相对稳定，宏观经济发展相对落后，高速公路里程普遍较短，铁路运输网络的标准普遍落后，能源问题较为突出，电力供应不足，急需发展新能源设施。

总的来说，该地区的基础设施投资受国家的高度重视，但由于政府财力有限、欧盟援助不力等因素，基础设施建设存在较大的资金缺口，同时该地项目比较多且基建维护工作量大，需要大量的资金投入，因此，该地区的基础设施建设项目发展空间比较大。

---

① 周亚静. 俄罗斯基础设施投资最优规模的实证分析［J］. 欧亚经济，2015（1）.

2.2.2 中亚—西亚—地中海沿线基础设施建设及投融资现状

2.2.2.1 西亚地区

西亚地区基建规模比较大,并且每个国家的发展情况不一。有的国家基础设施建设发展良好,有的国家基础设施发展比较落后,例如沙特阿拉伯和卡塔尔等海湾阿拉伯国家,它们将能源作为主要的产业,使国家的发展普遍比较富裕,其中,原油储量规模大,占全球的三成左右,各个基础设施相对比较完善,电信基础设施发展迅猛。而沙特和卡塔尔分别计划投资 450 亿元、230 亿元大量修建国家的基础设施建设,沙特计划投资 450 亿元修建全国铁路网,卡塔尔大量投资于基础项目,阿联酋投资约 180 亿元于基础设施建设等,这些对于中国基础设施建设行业来说都是很大的发展机遇。

2.2.2.2 地中海地区

地中海地区各个国家基础设施发展情况都不相同,有的发展比较富裕,有的发展比较落后,大多数南欧国家和东欧国家比较富裕,北非相对落后。以希腊为代表的南部地区经济基础好,基建比较完善,但近些年经济衰退,深陷财政危机,因此,经济发展缓慢引起了基础设施建设的滞后,迫切需要外国投资来拉动经济的增长①。以埃及为代表的北非国家应该属于非洲大陆上基础设施发展比较好的国家,但相比世界基础设施发展的标准来说,其基建设备依然落后,近年政局越来越稳,经济才慢慢复苏,制订了一系列基础设施建设计划,为基建领域的发展带来了很好的投资机会。

---

① 张骥,陈志敏."一带一路"倡议的中欧对接:双层欧盟的视角 [J].世界经济与政治,2015(11).

2.2.3　东南亚—南亚—印度洋沿线基础设施建设及投融资现状

2.2.3.1　东南亚地区

该地区与中国同处亚太经济圈,在"一带一路"倡议中处于十分重要的地位,其地处"一带"的南线,也是"一路"的开始。该地区基础设施水平各个国家之间的差异比较大,世界经济论坛《2015－2016 年全球竞争力报告》和世界银行官网数据显示,在交通领域,东盟国家综合指数略低于世界平均水平,铁路建设尤其薄弱,能源方面,人均耗电量均低于世界平均水平,太阳能等新能源的利用正处于起步阶段;通信方面,电信和互联网设施已经不能满足用户快速增长的需求,发展潜力巨大(见表2.2)。

表 2.2　　　　　东南亚国家基础设施建设指数与 GDP 发展水平

国家	全球竞争力基础设施指数	人均 GDP(美元)	收入水平
新加坡	6.49	56280	高收入国家
文莱	—	40980	高收入国家
马来西亚	5.51	11310	中高等收入国家
泰国	4.62	5977	中高等收入国家
印度尼西亚	4.19	3492	中低等收入国家
菲律宾	3.44	2873	中低等收入国家
越南	3.84	2052	中低等收入国家
老挝	3.23	1793	中低等收入国家
缅甸	2.09	1204	中低等收入国家
柬埔寨	3.19	1095	低收入国家

资料来源:世界经济论坛《2015－2016 年全球竞争力报告》、世界银行官网。

通过表 2.3 可以看出,东南亚地区急需加大基础设施建设的投资。《亚洲互联互通的基础设施》预测,该地区于 21 世纪初的近 20 多年来对于基础设施资金总需求高达 1.1 万亿美元,投资项目多,机会比较大。2010 年的《东盟互联互通总规划》提出了基建领域的关键项目,并在政府投资中为基建领域配置了较高的比例,但是这些资金量相对来说还是远远不能弥补巨大的资金缺口,因而急需引入大量的外部资金,这对于我国来说也是一个很好的投资发展机会。

2.2.3.2 南亚地区

南亚地区基础设施建设比较薄弱,各个国家由于经济发展的瓶颈,急需大量的外部资金为本地区的基础设施发展提供支持。具体来看,该地区基建设备年代久远,并且建成后缺乏大量的资金维护,交通基础设施虽然公路覆盖比较广但是质量差,硬化路面比例比较低等这一系列的问题,迫切需要大量的资金对基础设施进行修建及维护,这同样也是一个很好的投资机会。

2.3 海上丝绸之路沿线基础设施建设现状

2.3.1 南海—印度洋—欧洲沿线基础设施建设及投融资现状

2.3.1.1 东南亚地区

该地区以印度尼西亚为代表,近年来,印度尼西亚政府将建筑业作为本国的主要产业,优先推动基础设施的建设,其产值在国内生产总值中占比越来越高,成为印度尼西亚国民经济发展的一个重要动力。对于基建领域的发展,其中,交通基础设施成为政府的投资重点,占全部基础设施总产值的60%左右,并且投入比重越来越大。《2015 - 2016 年全球竞争力报告》显示,该国的电力设备建设水平还是比较低的,有待进一步加大。而现阶段印度尼西亚基建领域制约因素比较多,致使基建水平滞后,同时金融系统愿意提供更多的短期贷款而非长期贷款,但基础设施更多的是对长期资金的需求,因此,这对于我国投资特别是保险资金的投资来说无疑也是一个很好的选择。

2.3.1.2　印度洋地区

以印度为代表的印度洋国家该地区的基础设施建设极其落后，质量差、道路硬化比例低，高速公路占比也很低，并且运力严重不足、极其不安全；铁路里程数虽然比较多但是设备和技术落后；机场和港口等基础设施建设严重不足；在能源基建和电网基建方面的资金投入比重均严重不足，并且将近30%的地区目前处于无电供应的状态，因而急需大量资金进行基础设施建设的修建。

2.3.2　南海—南太平洋沿线基础设施建设及投融资现状

作为南太平洋地区代表的澳大利亚，其经济发展良好，基建设备完善，在经济合作与发展国家中都是收入比较高的国家。该地区地大物博，资源比较辽阔，2017年澳大利亚公布了十五年基础设施建设蓝图《澳大利亚基础设施规划》[①]，旨在通过建设必要的基础设施以提升民众生活水平和国家生产力，该规划中优先列出应建设的基础设施项目，重点促进进出口业的发展。因此，该国有充裕的资金和政策为本国的基础设施建设投资作为支持，同时也为中国保险资金投资基建领域带来了很多的投资机会。

2.4　保险资金成为基础设施投资的主要推动力

对于"一带一路"基础设施建设而言，可以利用的资金主要包括"一带一路"沿线国家内部的金融资源、沿线国家之间的金融资源互通以及国际金融资源。由于沿线国家的经济发展水平差异明显，而沿线国家的基础建设的潜在需求大，其资金的缺口巨大，因而需要大量的国际金融资源进入该

---

①　2017年5月11日澳大利亚基础设施局公布了《澳大利亚基础设施规划》。

领域。

国际金融资源主要分为三种类型。

一是多边或区域开发性金融机构，例如世界银行的国际复兴开发银行（IBRD）贷款和国际开发协会（IDA）贷款、亚行贷款、亚洲基础设施投资银行（以下简称"亚投行"）贷款等。这些机构可为一国或某一地区基础设施建设提供相应的融资支持。但国际货币基金组织（IMF）的贷款主要用于帮助成员解决国际收支问题、稳定并恢复经济及实现经济可持续增长，因此，该组织并不为特定的项目提供融资，所以这方面的融资支持相应力度较小。而世界银行集团则通过国际复兴开发银行贷款支持一些贫困国家和地区开展基础设施建设。相关研究报告显示，世界银行和亚洲开发银行每年对亚洲地区的基础设施建设融资额在 240 亿美元左右。此外，欧洲复兴开发银行和欧洲投资银行等也对欧洲地区基础设施项目提供融资支持。目前来看，投资于"一带一路"沿线国家基础设施项目的新兴多边开发性金融机构主要包括亚洲基础设施投资银行和金砖国家开发银行。

二是主权财富基金，是由一个国家或地区政府设立的官方投资基金。根据美国主权财富基金研究所（SWFI）的资料，全球各类主权财富基金所管理的资产共计 7.4 万亿美元，其中，与油气有关的基金资产为 4.32 万亿美元。主权财富基金通常更加注重回报而非流动性，因此，较传统外汇储备具有较高的风险承受能力，可作为基础设施投资的重要融资渠道。

三是跨国机构投资者，包括保险公司、养老基金、专门从事基础设施投资的投资基金等。这些机构投资者多数是基础设施项目的财务投资者，主要寻求通过早期参与项目，实现资金的合理回报，通常不参与项目的运营。一般情况下，项目的回报预期越好，越容易得到跨国机构投资者的青睐。

金融危机之后，全球银行业多数迈向"去杠杆"的道路。因此，养老金、保险资金和主权财富基金等机构投资者逐步成为基础设施投资的直接供给方。

多数保险公司认为，尽管相比市盈率、房地产、对冲基金等另类投资品并不能提供最高收益，但它对于长期性的保险组合是较为适合的。在高盛调查中,有29%的受访保险公司首席信息官(CIO)表示,在未来将增加基础设施债权产品的投资,增持意愿居所有投资标的的首位。

2.4.1 机构投资者逐步成为基础设施投资的直接资金供给方

由于政治因素的扰动,公共资金投资基础设施领域的投资效率广受诟病,各国的私有化进程推动了民间资金投资基础设施的脚步,特别是近年来,欧洲高债国加速推进私有化,以缓解债务压力,1990年以来,世界63%以上的私有化交易均发生在基础设施领域。

在过去,银行通常是基础设施领域的主要资金提供者。金融危机之后,全球银行业多数迈向"去杠杆"的道路。同时,巴塞尔协议Ⅲ也对银行提供长期融资的能力产生了负面影响。在金融脱媒的催化下,养老金、保险资金和主权财富基金等机构投资者逐步成为长期资金的直接供给方。

2.4.2 投资环境的变化使保险资金必须寻找新的长期抗通胀投资标的

一方面,近年来,股票市场的大幅波动,使全球保险资金风险偏好有所下降,然而低利率环境的延续给多数具有绝对收益要求的保险资金带来明显的投资压力。另一方面,私人养老金的大部分负债是与通胀相关的,而与之相匹配的低风险抗通胀投资标的,如通胀保护债券,即使在发达国家供给也较为有限,随着私人养老金的快速增长,这种供需矛盾越来越突出。

2.4.3 长期限和利差是基础设施投资的独特优势

负债久期较长的寿险和综合性保险公司的配置意愿明显高于财产保险公司。基础设施资产较传统投资固定收益资产往往具有利差,这主要来自流动性信用质量信息不对称等。在高盛的调查中,有近50%的CIO表示,通过配置非流动性资产获得流动性溢价是目前环境下增强组合收益的最有效方式，而近40%的人认为，基础设施债权可以获得最可观的流动性补偿，不过由于需求旺盛，这种利差明显收窄，保险资金必须更审慎地筛选和评估投资标的。

2.4.4 影响基础设施投资环境的关键因素

不同国家保险资金在基础设施领域的投资规模相差非常大，经济合作与发展组织（OECD）国家基础设施投资占养老金的比例平均仅为1%，但在加拿大、澳大利亚等国家，该数据高达10%～15%。影响各国保险资金投资基础设施的规模和比例主要有以下因素。

2.4.4.1 民间资本的投资机会

各国民间资本参与基础设施领域投资的路径不同，使私营部门的投资机会差别较大，尽管基础设施投资已逐步扩展为国际市场，但多数基金仍倾向于在本国投资，在公私合营模式较为发达的地区，例如北欧保险资金较为热衷投资基础设施市场。

2.4.4.2 基础设施领域投资工具和风险管理工具

对于基础设施领域投资，直接股权投资具有高资金门槛的障碍，而集合性投资工具例如私募基础设施基金也有费用高昂和高杠杆率带来的高风险问题，因此，必须有更为丰富的基础设施投资工具，才能吸引各类机构进入该市场，拉丁美洲市场正是通过金融创新有效推动了养老金投资基础设施，例如智利的保证债券、墨西哥的结构化产品、秘鲁的集合信托和巴西的合资公司形式等。基础设施投资风险集中度高，极端事件损失严重，资产证券化更加削弱了项目开发者对建造运营和维护的有效管理，因此，这个市场的可持续发展不仅需要更多的可选风险管理工具，例如可再生能源保险，更需要政府完善的监管措施，例如对资产证券化的比例限制等。

2.4.4.3 社会保障制度的安排和保险市场的成熟度

各国社保体系的制度安排影响保险资金的总规模及其投资风格，一般来说，私人养老金占比较高的国家中，保险资金规模较大，且投资基础设施领域的意愿也较强。同时，商业保险市场也需要自身不断完善，建立适应社会保障体系和资产管理市场的可持续化发展道路，具备一定规模和投资能力，才有机会分享基础设施领域的投资机会。

2.4.4.4 保险资金投资的监管环境

商业保险机构和养老金机构的偿付能力监管制度、会计制度差异会影响该类资产的投资比例，例如，欧洲国家逐步推进的第二代偿付能力监管体系和国际财务报告准则（第九号）会对配置基础设施资产产生负面影响。第二代偿付能力监管体系以风险为导向，基础设施投资对资本的消耗比较大，其风险调整后收益较目前明显降低。国际财务报告准则（第九号）强调公允价值会计计量方法，在负债完全随市场价值变动的情况下，配置以成本计量的基础设施资产，可能带来资产负债错配风险，不过从率先推行的丹麦等北欧国家来看，该影响并不明显。

2.4.4.5 私营部门对基础设施的投资能力

基础设施投资领域的专业门槛非常高，包括尽职调查、投资者教育、投资结构构建和风险管理等，这种投资能力不仅需要长期实践中的积累，更需要依托于法律环境、产权制度、政企关系的不断完善。研究表明，基础设施投资的"学习曲线"较为陡峭，且前期成效非常缓慢，而在度过艰难的摸索期之后，可能有爆发式增长，例如，加拿大养老金从第一笔基础设施投资至今，历经 10 余年，投资比例已从 4% 上升到 16%，欧洲国家仍在起步期，从 2007 年至今，基础设施资产在保险组合中占比，仅从 2007 年的 1% 提高到 3%。

2.4.5 保险资金投资基础设施领域的模式及风险管理

2.4.5.1 保险资金投资模式

"一带一路"基础设施项目的融资与单一经济体内的基础设施项目融资在融资模式上没有本质性的差别，信贷、债券、股权、公共资金支持是其中最基本的方式。在这些方式基础上随着金融技术的发展，又出现了一些衍生工具，包括夹层融资、混合融资、政府和社会资本合作（PPP）、各种资产证券化产品以及与租赁有关的融资工具等。

在基本方式中，信贷是基础设施项目的传统融资工具，包括商业贷款、开放性贷款、政策性优惠贷款。信贷是基础设施项目的传统融资工具，包括商业贷款、开放性贷款、政策性优惠贷款。对于具有跨区域性质的项目，由多家贷款机构组成的银团贷款是最常见的方式。

保险资金的特点在客观上需要开放基础设施投资。我国保险资金的运用不断拓宽，但是以前的投资品种还不能真正做到在期限、成本、规模上与保险资金特别是寿险资金长期负债的特点较好地匹配，以满足偿付的要求。保险资金特别是寿险资金具有长期性、稳定性等特点，而基础设施项目建设具有投资金额大、建设和运营周期长、投资回报稳定和安全的特点，符合保险资金运用对于安全性、收益性的要求。中长期建设资金面临着严重的渠道不足。寿险资金的长期性特点可以为基础设施建设提供长期稳健的资金投入，从而可以弥补资金来源不足的问题。

现行《中华人民共和国保险法》第一百零五条明确规定："保险公司的资金运用，限于在银行存款、买卖政府债券、金融债券和国务院规定的其他资金运用形式。保险公司的资金不得用于设立证券经营机构，不得用于设立保险以外的企业。"从上述规定来看，即使保险资金获准投资基础设施领域，也只能通过间接投资的模式。

所谓间接投资，是指投资方作为资金提供者，以取得一定的收益为目的，不控制企业经营管理权，不直接参与项目的运作与管理，通过金融中介部门的金融工具来实现的一种投资活动。

概括起来，保险资金间接投资基础设施存在以下六种模式。

（1）证券化模式。即通过购买基础设施类公司股票和债券来进行投资。由于目前这类投资品种有限，也正是保险资金极力要求投资基础设施领域的原因。

（2）市政债券。市政债券是地方政府为了地方建设的需要，在承担债务本息的基础上，向社会公众发行的债务凭证。市政债券在西方有 100 多年的历史，市政债券的安全程度高，收益率稳定，从而成为保险资金投资基础设施领域的重要模式。受《中华人民共和国预算法》的限制，我国还没有真正意义上的市政债券，大多是以公司债券形式出现的"准市政债券"。

（3）信托模式。就运用信托的原理和机制，将保险资金以债权和股权的形式投资到基础设施领域，信托模式下，有贷款信托和信托基金两种运作方式。运用信托手段投资，可以有效利用信托资产破产隔离制度，在确保资金安全的情况下获取收益。

（4）委托贷款、银保联合贷款和保险公司联合贷款模式。委托贷款就是保险公司委托商业银行和政策性银行，将资金贷放给基础设施建设机构，受托银行不负责贷款业务的风险，因而需要通过对基础设施和重点工程进行有效组合，进行风险控制。

银保联合贷款，保险公司和银行合作对基础设施进行银团贷款，保险公司可以充分利用银行在贷款方面的风险控制技术。保险公司联合贷款，可以扩大资金规模，实现投资多个大型基础设施项目，既可以弥补各公司资金实力差异，又可以达到控制风险。

（5）产业投资基金模式。即通过向多数投资者发行基金份额设立基金公司，由基金公司自任基金管理人或另行委托基金管理人管理基金资产，委托基金托管人托管基金资产，从事基础设施投资等实业投资。

（6）基础设施证券化。基础设施证券化有两种情形：一种是以基础设施未来的收入为对象的未来现金流证券化；另一种是以基础设施贷款为对象的存量资产证券化。存量资产证券化，比较容易进行风险隔离，而未来现金流证券化的隔离效果差。

不同的模式决定了投资的品种不同，从而决定了不同的投资赢利模式和风险水平，因此，从扩大进入规模、分散投资风险、有利于投资组合的角度来看，我国保险资金投资基础设施要采取多元化模式，而不能仅局限于单一的模式。

2.4.5.2　保险投资面临的机遇

（1）保险资金参与"一带一路"基础设施投资市场潜力较大。尽管我国保险资金参与基础设施投资的各方面条件尚不成熟，但从长期来看空间很大。一方面，十八届三中全会以后，民间资本参与基础设施投资的机会显著增加；另一方面，"保险业新国十条"强调了保险资金在社会保障体系中的重要作用。保险市场整体资金规模很可能迎来一轮快速增长，这将为基础设施领域的投资奠定坚实的基础。

（2）基础设施投资需要进一步增加股权投资形式和拓展投资领域。国内保险资金参与基础设施领域的投资方式多为债权工具，此类产品对于成长型投资者和大规模资金有其局限性。从国外经验来看，未上市股权投资是基础设施领域的最主要投资方式。国内保险资金应抓住国家鼓励社会资本参与基础设施建设和国企改革的重大机遇，积极发展股权形式的基础设施投资，抢先获得优质资源。在适当时机，资产管理公司还可以发起基础设施私募基金。在投资领域方面，保险资金可以尝试参与初级项目，尤其是可再生能源领域。

（3）基础设施资产可以作为一种单独的资产类别纳入资产负债管理。从海外经验来看，在风险暴露达到一定规模后，国外大型养老金或保险机构倾向于将基础设施单独作为保险资产配置中的一类资产。在此框架下，基础设施类资产的风险收益特征将更为清晰，有利于各层次资产配置。保险资产管理公司还应结合负债特征，不断调整配置比例和形式，以适应偿付能力监管和资产负债管理的要求。随着国内以风险为基础的"偿二代"体系推进，保险资金配置各类基础设施资产的投资决策将更为复杂。

2.4.5.3 保险投资面临的风险

"一带一路"倡议的提出为我国保险投资带来了发展机遇，拓宽了险资的投资渠道，提高了其投资收益率，加快了基础设施建设的运营效率，但是进行"一带一路"基础设施建设的过程中会遇到各种各样的风险，而风险的发生无疑会对保险行业乃至国家战略的发展带来巨大的损失，因此，进行投资时要严格把控风险，保证资金安全。"一带一路"基础设施建设所面临的风险多种多样，本书只分析了"一带一路"基础建设过程中的所面临的主要风险，即政治风险、经济风险、法律风险和文化风险。

（1）政治风险。"丝绸之路经济带"沿线地区地处亚欧大陆的核心地位，地位比较重要并且该地区的自然资源比较丰富，对世界历史的发展产生了极其深远的影响。由于国家之间的相互竞争因而在历史上就遗留了复杂的宗教和民族矛盾以及动荡的政治局势。

"一带一路"倡议涉及国家比较多，并且每个国家具体的政治环境也不一样，有些国家长期政治动荡，战乱致使国民经济受到极大的破坏，加上恐怖主义等十分不利于基础设施的投资，这无疑对于保险资金的投资带来很大的政治风险。有些国家党派竞争比较激烈，每一次政局的改变对外国投资者来说都是巨大的挑战。

（2）经济风险。经济风险是指进行投资行为时由于经济因素的变化而造成的投资损失，"一带一路"沿线国家经济相互依赖程度比较高，任何一个国家经济形势的变动都可能对与该国有贸易关系的国家造成一定的经济损失，从宏观经济形势来看，造成经济损失的最主要因素是汇率，将保险资金投资于"一带一路"基建领域时，很多在国外基础设施建设项目的投资都是以所在国本币进行计价的，都不是以人民币计价，任何影响货币的因素都可能对投资产生一定的影响，如果东道国本币对我国人民币发生贬值时，而保险行业对于该项政策反应比较迟钝并且没有合适的工具进行风险对冲时，那么投资企业就特别容易遭受损失。除此之外，很多国家的货币无法与我国人民币直接进行兑换，通常需要"中介"货币进行转换，由于未来经济形势的不确定性,任何给"中介"货币带来影响的都可能对我国人民币投资带来影响。从微观层面来看,影响本国内部经济发生变化的因素也比较多,例如一个企业的规模,企业规模越大能够创造更多的生产价值,对于经济的贡献度也比较大,同时企业的规模比较大可以提高该地区的就业率,降低就业率在一定程度上社会就比较稳定;当地居民的生活水平和消费结构也会对投资造成一定的影响,生活水平越高人们的经济越发达,更愿意将更多闲置的资金进行投资,促进了该地区经济的发展。

(3) 法律风险。从法律层面讲,"一带一路"沿线部分国家,特别是一些非洲国家,与国际接轨程度比较低,很多国家都存在法律法规不健全等问题。如果境外投资企业在投资过程中不注重对东道国法律法规的了解,很可能面临法律风险隐患。因此,中资企业在海外投资过程中应高度警惕法律所带来的风险。如果东道国的法律很完备,许多我国的保险企业对该地基础设施进行投资的可能性就比较大,如果东道国的法律不完备,则会影响对该地基础设施的投资。法律的健全程度与投资企业的数量成正比,法律越健全投资量越大,企业利润也会越来越高。

对于个人来说,如果在基础设施建设过程中对法律一无所知,那么签订合同过程中由于不懂法而会对项目的投资产生很大的不确定性进而造成大量的损失。同时,一个国家懂法的民众比较多有利于投资顺利进行下去。所以保险资金是否应该投入该地区进行基础设施投资与该地区的法律是否健全也有很大的关系。

(4) 文化风险。纵观"丝绸之路经济带"所涉及的三条路线与"21 海上丝绸之路"所涉及的两条路线,每一条路线所涉及的国家和地区都非常多,每个国家都有自己的信仰和传统文化。由于"一带一路"沿线基本涵盖了文明古国的全部区域,将佛教、伊斯兰教、基督教囊括其中,各个信仰发展历史悠久,根深蒂固,相互之间的差异明显,当我国在这些地方进行投资时如果不了解东道国的历史传统和民俗民风,很容易因为文化差异而产生矛盾,这对我国的投资也是十分不利的。

投资渠道的进一步开放,自然也带来新的风险,对此,必须强调把风险控制和管理放在首位,加强对投资风险的管理。

第 3 章

我国保险资金资产配置现状分析

　　保险资金，主要为寿险资金，是指寿险公司在经营过程中拥有、管理和控制的各种资金，不仅包括寿险公司承保业务所收取的保费，还包括寿险公司的所有者权益和其他资金。按归属，寿险资金可分为所有者权益中的资本金、保留盈余、总准备金和公司负债中的各类责任准备金、保护投资资金、保户储金。其中，最主要的构成部分是从保费收入中提取的各项责任准备金。

　　在一定意义上，寿险资金是用来偿付寿险公司和投保人之间约定的保险赔付的，但是寿险公司收取的保费与寿险赔付存在一定时间差，寿险公司积累了大量的闲置资金，并且由于寿险保费收取是基于大数定律的概率计算而来，寿险保费的收取与赔付之间还存在价差。因此，对寿险资金合理地运用十分关键，关系到寿险公司的偿付能力和盈利能力。从这个角度来讲，寿险资金运用，即寿险经营主体利用保费收取和赔付的时间差，将自有资金和各项保险责任准备金进行投资的行为。

3.1　保险资金运用发展沿革及配置原则

　　对于保险资金的含义，2010 年保监会公布的《保险资金运用管理暂行办法》中做了明确规定："保险资金是保险集团公司资本金、公积金、未分配利润、各项准备金及其他资金。"同时对保险资金运用范围做了明确规定，保险资金运用必须稳健，遵循安全性原则。

3.1.1　保险资金运用发展沿革

20 世纪 80 年代，中国保险业务开始恢复，保险资金运用可以划分为四个发展阶段。

第一阶段为保险资金运用受限阶段。20 世纪 80 年代初期，我国保险业刚刚起步，保险公司自主运用保险资金的权力受到限制，按照当时的规定，保险资金运用的主要形式是银行存款。

第二阶段为无序发展阶段。20 世纪 80 年代后期到 90 年代初，保险业快速发展，保险资金投资需求相应扩大，在这一时期，中国资本市场的发展给保险资金运用开辟了多种投资渠道。同时，保险资金运用政策上有了一定程度的放松，保险公司开始参与证券市场、房地产和信托基金等领域投资，甚至进行直接贷款业务，由于风险意识缺乏和法律法规的缺失，保险公司在这一时期积累了较大的风险，偿付能力下降，产生不良资产，甚至经营困难，险资运用呈现出无序的"过度"投资局面。

第三阶段为规范发展阶段。1995 年颁布的《保险法》严格限制保险资金运用渠道：仅允许保险资金投资于银行存款、买卖政府债券、金融债券和国务院规定的其他资金运用形式。该政策使混乱的保险资金运用状况得以改善，保障了保险资金的安全性。但是，过于狭窄的投资渠道极大地影响保险资金运用的收益率。随着人民银行连续 8 次下调存款利率，保险公司的利差收益急剧缩小，呼吁拓宽险资渠道的声音日益强烈。

第四阶段为蓬勃发展阶段。2003 年《保险法》修订至今，保险资金运用渠道逐步放开，相关法律规定也不断健全，保险公司自身的资金运用经验日益丰富。2003～2006 年，中国人寿、中国人保等多家大型保险公司开始组建保险资产管理公司，有的保险公司甚至参股银行、信托等金融机构。保险资金运用走向集中化、专业化、规范化的发展道路。至今，保险资金的投资渠道已在一定限度内大幅放开，覆盖了银行存款、债券、股票、基金、房地产、海外投资等领域。保险公司投资行为在满足监管规定的额度范围内，自主配置保险资金的自由度大大提高。

3.1.2　保险资金资产配置的原则和主要方法

保险资金资产配置是保险资金投资最重要的一环，完善灵活的保险资金资产配置方式，对于推动我国保险市场健康发展、提升保险资金服务实体经济能力、发挥保险资金经济金融 "压舱石" 和 "稳定器" 的作用具有重要意义。保险资金资产配置最重要的是投资者在不同的风险偏好与约束条件下，如何在不同的项目资产类别间合理分配资金，最终达到风险与收益的平衡。

3.1.2.1　保险资金资产配置原则

保险资金运用的原则主要有安全性、收益性、流动性、资产负债匹配。保险公司作为负债经营，为了满足充足的偿付能力来保障保险赔付这一最基本的功能，在进行资金运用时应把安全性放在首位。保险行业是一个高杠杆行业，保险资金中大部分是应对未来保险赔偿与给付的保险责任准备金，其负债特点决定了保险资金进行资产配置的原则是尽可能保证保险资金的安全性、维持保险资金的流动性、提高保险资金的收益性。

首先，保险资金资产配置需要关注资金的安全性。保险公司在收取保费的同时，要准备好未来随时承担意外发生后的资金赔偿与给付责任。为了保证保险公司有足够的能力和资金在承保端进行资金赔付，各国均建立了严格的偿付能力监管制度，要求保险公司资产与责任准备金负债必须保持在一定比例之上，否则保险公司将面临破产清算的风险。因此，保险公司进行资产配置时需保证资产不会因资本市场的异常波动或信用风险事件的发生而大幅减值，进而造成保险赔付能力的减弱，危及保险公司的生存和发展。但是安全性并不是指全部寿险资金所配置的渠道必须绝对安全，而是允许一部分资金投入风险较大的资产中，即便发生损失，也能保证整体资金的保值增值。

因为过于保守的投资配置，使投资端收益率低下，反而会使寿险公司面临承保端的资金成本压力，不利于公司偿付能力的保证。

其次，保险资金资产配置需要满足保险赔付所需资金的流动性。流动性是使保险公司能够迅速获得现金来保证负债端得到及时足额赔付的原则，由于保险事件是随机发生的，寿险资金在进行投资时，必须配置一定比例的流动性资产或易于变现的资产。

但是与财险不同，寿险资金对于流动性的要求不高，所以寿险公司大部分保费收入均可以用来投资。

保险公司赔偿与给付的时间点往往具有随机性。例如，财产保险公司针对台风等自然灾害的保险，发生的时点很难准确预测，一旦发生，则需保险公司在短时间内进行巨额赔付，对保险资金的流动性管理提出很高的要求。即使对于给付时间起点相对较为确定的终生寿险，由于事先对投保人寿命的精算假设与实际情况并不完全一致，也要求保险公司做好流动性管理，满足未来的资金给付需要。

最后，保险资金资产配置需要达到一定的收益性要求。收益性是近几年在承保端资金成本有所提高、收益逐年萎缩的行业发展现状下，保险公司越来越重视的原则。收益性得到满足不仅能扩大公司利润，还能使保险公司在负债端有更有竞争力。保险公司在满足安全性的前提下，也要力求收益的提高，才能更好地使保险市场持续健康发展。

保险公司的利润主要来源于"三差"——死差、费差和利差，其中，利差取决于保险资金的投资收益。随着国内保险费率市场化改革的深入，死差和费差面临激烈的市场竞争而难以扩大，保险公司对利差存在较强的依赖。大多数研究结果表明，90% 以上的投资收益取决于资金在大类资产中的配置情况，保险资金投资也是如此。因此，保险资金大类资产配置的最终目标是，在满足安全性和流动性的要求下，追求更高的配置收益率。

资产负债匹配原则是指寿险公司资产端和负债端的久期要大致相匹配，

即所谓的"长钱长用""短钱短用"。从负债端来看,寿险资金主要来源于保费收入,绝大部分保险产品的期限较长,因此,寿险资金在投资时,也要多配置长久期资产,即为实现寿险资金与所投项目的匹配。

"长钱短用"会影响收益性,"短钱长用"会影响流动性,这就要求保险公司做好久期管理。

保险机构的首要职能是组织经济补偿,投资职能居于次要地位,这决定了寿险资金运用时优先考虑资金的安全性和流动性是否已得到保障,是否满足资产负债相匹配的原则,在此基础上才考虑追求最大的投资收益。

3.1.2.2 保险资金资产配置主要方法

一是马科维茨的均值—方差模型。通过量化手段确定多项风险资产的配置比例,构成有效投资组合,能够在对冲部分风险的前提下不降低预期收益率。均值—方差最优化方法建立在马科维茨的均值—方差资产组合理论基础之上,是迄今为止投资者较为重视的资产配置决策模型。运用均值—方差最优化方法研究资产配置问题时,首先要确定各类资产的收益和风险特征以及不同资产间的相关关系;其次通过数学的二元线性规划计算最优组合,即计算收益率既定时投资组合风险最小的资产配置比例,或风险既定时组合收益率最高的资产配置比例,得到投资组合在均值方差空间的有效边界;最后根据投资者的风险厌恶程度来确定适合投资者的最优组合。

二是纳入投资者主观观点的 Black-Litterman 模型(以下简称"B-L 模型")。B-L 模型相当于均值—方差模型的升级版,它在均衡收益的基础上增加了投资者的预期主观观点,将投资者对于一个或多个资产的预期收益的主观观点与先验分布下预期收益的市场均衡向量相结合,形成关于预期投资收益的新的估计。

三是基于风险因素的风险平价模型。该模型在运用过程中不考虑投资资产的收益率,而是重点研究投资资产的风险。对于风险大的资产减少投资比例,对于风险较小的资产则加大投资权重或引入杠杆操作,使每类资产的风险贡献相等。最为有名的风险平价策略是桥水的"全天候"策略,它以经济增长和通货膨胀为两大核心宏观变量，再根据变量的上升和下降细分为四大风险均等的资产组合，总的平价组合成为能适应未来不同经济环境的稳健被动策略。它不需要对未来经济作出预测，并做到了分散化投资，实现了发挥多类资产的协同效应。

四是美林投资时钟模型，该模型是将市场中的实体经济与资产配置组合起来的一种模型，是将资产轮动及行业策略与经济周期联系起来的一种直观投资策略方法。投资时钟模型根据经济增长和通货膨胀的情况，将经济周期划分为经济的复苏、过热、滞胀和衰退四个主要阶段，在这四个阶段内，最佳的投资资产分别是股票、大宗商品、现金和债券。当然，美林投资时钟模型并非无使用限制和条件，因此，运用该模型前需要充分理解其局限性，结合现实情况进行适度调整。

3.2　我国保险资金资产配置现状

3.2.1　保险资金规模快速增长

保险资金资产配置是将保险公司用于承保端剩余的资金进行分配，从而获得投资收益用于保险公司的经营、赔付和发展。保险公司履行资金赔付义务的前提是投保人履行交付保费的责任，在保费收入和资金赔付支出的时间段，对于保险资金的运用非常重要，良好的资金运用可以给保险公司带来非常可观的收益。近年来，随着经济市场的不断改革开放，保险市场也在飞速发展，我国保险资金规模不断扩大。2016 年我国保险总资产金额已经超过 15 万亿元，较 2015 年保险资金总额增长了 22.31%，创造了保险资金增长新速度，2007~2018 年我国保险资金总金额增长了接近 7 倍，图 3.1 显示了我国 2007~2018 年保险资金总资产的情况。

从图 3.1、图 3.2 可以看出，我国保险资金总资产和资金运用余额都在快速增长，到 2018 年底，我国保险资金总资产超过 18 亿元人民币，保险资金运用余额超过 16 亿元,占当年保险资金总额的 89.52% ,同比增加了 10.2% ,但是较之前的增长速度有所放缓,这是因为我国保险资金总资产的增长也有所下降。总体而言,我国保险资金的资产规模正在以一种稳定的趋势增长,保险资金运用余额也逐年稳定增加,这为保险资金资产配置提供了更多的资金保证。

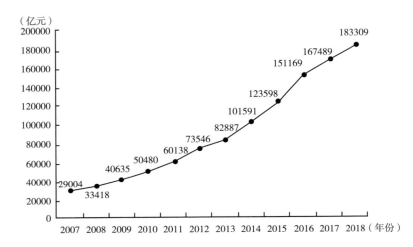

图 3.1　2007～2018 年我国保险资金总资产

资料来源:中国银行保险监督管理委员会网站。

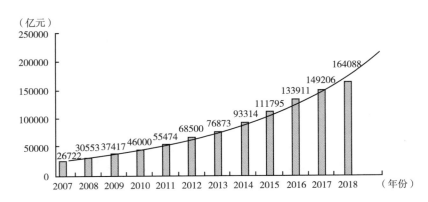

图 3.2　2007～2018 年我国保险资金运用余额

资料来源:中国银行保险监督管理委员会网站。

从保险资金运用率来看，图 3.3 反映了我国 2007～2018 年保险资金运用率的情况。

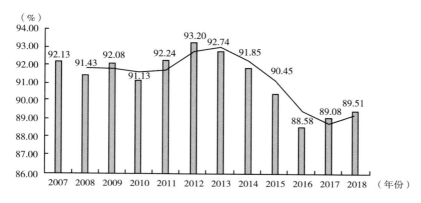

图 3.3　2007～2018 年我国保险资金运用率

资料来源：中国银行保险监督管理委员会网站。

从图 3.3 中可以看出，自 2007 年以来，我国保险资金运用率基本稳定在 90% 左右，2012 年的保险资金运用率达到最高值 93.2%。从 2014 年开始我国保险资金运用率开始下降，到 2016 年下降到 90% 以下。这是因为我国在 2012 年初开始规划关于中国第二代偿付能力监管体系建设（以下简称"偿二代"），该体系是保监会用来监督管理各个保险公司偿付能力的重要标准。经过 3 年时间的规划和准备工作，2015 年 2 月，我国保监会宣布"偿二代"正式出台。同时保监会要求各保险公司于 2015 年一季度开始编报"偿二代"下的偿付能力报告，并于 2016 年第一季度开始完成正式转换。2016年第一季度我国"偿二代"监管体系正式开始实施，"偿二代"监管体系的建立和实施标志着我国新的偿付能力的监管制度体系基本形成，是以风险为导向、具有自主知识产权、与国际接轨和与我国现阶段保险行业发展相适应的新体系，我国保险行业偿付能力的监管进入新的阶段。"偿二代"实施发布之前，我国保监会对保险行业的偿付能力监管实行的是控制保险资金规模，主要对保险公司准备金和资本金的控制进而管控公司总体保险规模，这是我国保险市场恢复以来一直遵循的管控要求。而保监会通过"偿二代"的实施主要是控制风险，这意味着中国保险市场开始转型，因此，"偿二代"

的监管约束条件对保险资金投资提出了更高更严的要求，保险公司对保险资金如何进行资产配置也需要重新选择。同时"偿二代"监管体系的正式运行对保险资金资产配置合理、稳定和对风险管控能力较好的保险机构提供了更大的发展空间和资金运用的机会。在一定程度上也能鼓励各个保险公司加强自身风险管控能力，提升资产配置水平。因此，由于保险市场相关部门对保险资金运用监管约束条件的改变，就可以解释为何从 2014 年开始保险市场资金运用率有所下降。

3.2.2 保险资金投资结构多元化

随着经济市场的不断发展，保险市场必须紧跟且适应经济市场改革，因此，为了提高和完善保险资金资产配置水平，2014 年我国保监会发布了《关于加强和改进保险资金运用比例监管的通知》《保险资金运用管理暂行办法》等关于保险资金运用的政策性文件，对现有保险资金运用的监管政策进行总结梳理，对资产配置的资产项目进行项目分类，形成不同资产项目不同比例的监管构架。

根据不同资产的性质，我国银保监会将保险资金资产配置的资产项目分为五大类资产，分别是流动性资产、固定收益类资产、权益类资产、不动产和其他可投资资产。

（1）流动性资产。流动性资产主要包括随时可进行存取的现金；期限很短、流动性很强、易于转换为准确金额现金且其价值风险几乎为零的资产。境内流动性资产有现金、银行活期存款、货币市场基金、通知存款和剩余期限小于等于 1 年的政府债券、准政府债券和逆回购协议。境外流动性资产有银行活期存款、货币市场基金、银行票据、隔夜拆出和剩余期限不超过 1 年的商业票据、大额可转让存单、逆回购协议、政府支持性债券、短期政府债券、公司债券、可转换债券、国际金融组织债券，以及其他经中国银保监会认定属于此类的产品或工具。

（2）固定收益类资产。固定收益类资产是指具有明确存续到期时间、按照预先明确的利率值和形式还本付息的资产，还有资产主要价值跟随上述资产价值变动的资产。主要有定期存款、银行协议存款、具有银行保本承诺的结构性存款、剩余期限在 1 年以上的政府债券和准政府债券、金融企业（公司）债券、非金融企业（公司）债券、债券型基金等。

银行存款作为我国保险资金资产配置的传统方式，是因为这种资产配置方式风险低且流动性强，符合保险资金的运用原则。银行存款之所以作为保险资金偏好的投资渠道，是因为保险机构与其他金融行业不同，保险公司的运营是带有负债性质的，为了维持保险公司的日常运营和应对保险公司承保端随时可能出现的偿付问题，必须有流动性很强的资产，出于流动性和安全性的考虑，银行存款就是首选。

债券是保险资金资产配置分配资金最多的一项资产项目，是因为它流动性强、收益稳定且期限固定的特征。根据债券发行主体的差别，债券可分为政府债券、金融债券和公司债券。政府债券安全性最高，因而其收益率较低；金融债券的发行主体大多是大型金融机构，信用评级仅落后于政府债券，但比企业债券信用评级要高，所以金融债券收益水平适中；公司债券的发行主体是普通公司，为了维持企业的稳定运营和扩大企业规模，就需要一定的资金支持，发行债券就是一种方法，为了筹集更多的资金，其债券的收益率会较高。由于债券期限较长的特点与保险资金的特征相符合，债券一直是我国保险资金资产配置的重要项目组成部分。

（3）权益类资产。权益类资产包括上市权益类资产和未上市权益类资产。上市权益类资产是指在证券交易所或符合国家法律法规规定的金融资产交易场所（统称"交易所"）公开上市交易的、代表企业股权或者其他剩余收益权的权属证明，以及主要价值依赖于上述资产价值变动的资产。未上市权益类资产是指依法设立和注册登记，且未在交易所公开上市的企业股权或者其他剩余收益权，以及主要价值依赖于上述资产价值变动的资产。境内上市权益类资产品种主要包括股票、股票型基金、混合型基金以及权益类保险资产管理产品，境外上市权益类资产品种主要包括普通股、优先股、权益类证券投资基金、美国存托凭证、全球存托凭证，以及其他经中国银保监会认定属于此类的产品或工具。境内、境外未上市权益类资产品种主要包括未上市企业股权、股权投资基金等相关金融产品，以及其他经中国银保监会认定属于此类的产品或工具。

（4）不动产类资产。不动产类资产主要是指土地、建筑物、其他依附于土地或建筑物上的物品等，以及主要价值依赖于上述资产价值变动的资产。境内不动产主要包括不动产、不动产投资计划、不动产类保险资产管理产品、基础设施投资计划及其他不动产相关金融产品等，境外不动产主要包括商业不动产、办公不动产和房地产信托投资基金（REITS），以及经中国银保监会认定属于此类资产的产品或工具。

（5）其他金融资产。其他金融资产是指风险收益特征、流动性和前面所介绍的项目资产存在明显差异且没有归入上述资产的其他保险资金资产配置可选择的项目资产。境内其他金融资产主要涵盖商业银行理财产品、银行业金融机构信贷资产支持证券、保险资产管理公司项目资产支持计划、信托公司集合资金信托计划、证券公司专项资产管理计划以及其他保险资产管理产品，境外其他金融资产主要包括不具有银行保本承诺的结构性存款，以及我国银保监会认定属于此类资产的产品或工具。

近年来，我国保险行业的相关政策规定的完善和新政策的出台，人们对保险的意识和认识越来越强，更多的人愿意购买保险，因此，我国保险资金总额快速稳定的增长，保险公司可运用的保险资金也越来越多。除去承保端和保险公司日常运营的资金需求，我国保险资金可利用金额从 1999 年的 1817 亿元增加到 2018 年的 164088 亿元，年复合增长率高达 26.7%。与此同时，随着保险资金可投资范围扩大和各类资产比例约束的降低，保险资金用于投资的资金金额已经从 1999 年底的 70% 增加到 2018 年的 90%[①]。

保险行业是我国经济市场中发展较快的行业之一。在我国经济市场经济改革初期，我国保险资金总金额仅 4.6 亿元，占 GDP 总值的 0.1%，经过 20 年的快速发展，到 2017 年我国保险资金总金额达到 3.6 万亿元，比 2016 年

---

① 《2018 年保险统计数据报告》。

增长 18.16%①。保险资金的快速增长累计推动着各个保险公司资产端规模的逐步扩张。保险资金规模的迅速扩大，迫切需要优化保险资产配置结构，在保持投资风险一定的基础上，追求投资收益的最大化，一方面可以弥补保险承保业务中的亏损漏洞、通货膨胀带来的损失；另一方面确保保险公司的稳健经营。

我国保险资产配置注重资金的安全，从保险资金资产配置资产项目来看，我国保险资金资产配置项目不断增加，2013～2018 年保险资金配置各项资产的金额和比例如表 3.1 所示。

表 3.1　　　　　　　　　　我国保险资金配置结构

年份	银行存款		债券		股票证券投资基金		其他投资	
	金额（亿元）	占比（%）	金额（亿元）	占比（%）	金额（亿元）	占比（%）	金额（亿元）	占比（%）
2013	22640.98	29.45	33375.42	43.42	7864.82	10.23	12992.19	16.9
2014	25310.73	27.12	35599.21	38.15	10325.58	11.06	22078.41	23.67
2015	24349.67	21.78	38446.42	34.39	16968.99	15.18	32030.41	28.65
2016	24844.21	18.55	43050.33	32.15	17788.05	13.28	48228.08	36.02
2017	19274.07	12.92	51612.89	34.59	18353.71	12.30	59965.54	40.19
2018	24363.50	14.85	56382.97	34.36	19219.87	11.71	64122.04	39.08

资料来源：中国银行保险监督管理委员会。

从表 3.1 中可以看出，银行存款、债券等低风险的固定收益类产品占比逐渐下降，银行存款占比从 2013 年的 29.45% 下降到 2018 年的 14.85%，债券占比从 2013 年的 43.42% 下降到 2018 年的 34.36%，股票、基金等金融产品投资占比变化并不明显，投资比例始终保持在 10%～15%；其他投资的比例不断增加，从 2013 年的 16.9% 增长到 2018 年的 39.08%，在其他投资中我国保险资金进行海外投资和基础设施建设投资的资金比重加大，使其他投资的金额和占比增加。2013 年我国保险资金资产配置各资产项目中，银行存款和债券的配置比例总和接近 73%，这是因为银行存款和债券类资产更加符

---

① 《2018 年保险统计数据报告》。

合保险资金安全性的原则要求；随着中国人民银行不断下降的基准利率和一系列保险资金投资的文件的出台，2018 年保险资金配置于银行存款和债券的比例下降至 49%，其他类项目的配置比例从 2013 年的 16.9% 上升到 2018 年的 39.08%，增加了一倍之多，同时我们可以看到，其他类项目的占比已经超过了债券类资产的配置比例，这主要是因为相关部门对我国保险资金资产配置渠道的监管逐渐放松，使保险资金资产配置有了更多资产项目选择。

2013 年保险资金投资于银行存款和债券的比例近 73%，即使到保险资金投资渠道多元化、投资上限提高之后的 2018 年，这两项资产配置比例也达到 49%。但是从保险资金资产配置的整体情况来看，银行存款和债券类资产的配置比例都有所减少，尤其是对银行存款的配置比例下降了 50%，这样的变化也符合市场环境的变化。近几年，中国人民银行连续多次下调基准利率，这也就可以解释为何银行存款占比逐年下降。值得注意的是，2018 年，其他投资的占比约为 40%，已经超过了我国保险资金传统资产配置项目中最重要的债券类资产的配置比例，这也反映出我国保险资金资产配置的新方向。而在其他投资中，保险资金主要对海外项目和基础设施建设项目进行配置。

3.2.3 "一带一路"等海外资产项目配置比例逐年提升

保险资金境外投资能够优化保险资金全球化配置，《保险资金境外投资管理暂行办法》的相继出台也为扩宽保险资金投资渠道、提高保险资金投资收益提供了更多可能。

2004 年，《保险外汇资金境外运用管理暂行办法》公布实施，对保险资金境外投资的资格条件、投资范围及比例、资产管理及托管等相关问题作出规定。规定保险公司仅能通过外汇资金进行境外投资。保险外汇资金的投资品种主要为银行存款、债券、银行票据及大额转让存单等货币市场产品。该办法并未就投资地区范围进行说明。

2007 年，《保险资金境外投资管理暂行办法》更新了保险资金境外投资的相关规定，允许运用人民币购买外汇进行投资。将投资产品范围更改为货币市场产品、固定收益产品、权益类产品。投资上限为总资产的 15%。2012 年，《保险资金境外投资管理暂行办法实施细则》将不动产投资首次纳入投资范围。该细则对保险资金境外投资的资格条件、投资范围、投资比例及投资地区作出规定，同时对风险管理和相关监管信息披露等问题做出说明。

2015 年 3 月 31 日，保监会发布信息，进一步拓宽了境外投资的渠道。随着我国经济进入新常态、人民币国际化趋势日益明显和"一带一路"建设的开展，保险资金实现境外投资是必然趋势。

随着我国保险市场的不断开放，保险资金投资不再局限于国内的资产项目，海外市场正逐渐打开，我国保险资金进行海外市场的投资主要通过传统投资方式和另类投资方式进行，另类投资主要包括基础设施建设计划、长期股权等一些符合保险资金期限长的特点的方式。近年来我国海外资产投资方式的变化如图 3.4、图 3.5 所示。

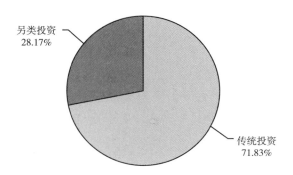

图 3.4　2015 年中国保险资金海外资产配置情况

从图 3.3、图 3.4、图 3.5 中我们可以发现，2015 年我国在海外投资方式中，主要以传统投资方式为主，以传统投资方式进行海外投资的比例近 72%，到 2018 年以另类投资的方式进行海外项目投资的占比大幅增加，已经从 2015 年的 28.17% 增加到 2018 年的 52%，也就是说，如今我国保险资金进行海外投资的方式已经由之前的传统投资方式为主导转变为传统投资与另类投资相结合的方式。

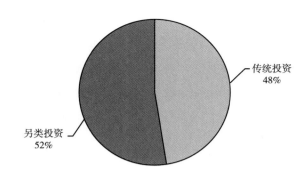

图 3.5 2018 年中国保险资金资产配置情况

资料来源：中国银保监会网站。

2012 年，中国保监会发布了《保险资金境外投资管理暂行办法实施细则》，该政策文件的发布实施逐渐增加了我国保险公司对海外项目投资的资金量，我国保险资金进行海外资产配置主要方式是通过股票、债券和融资融券的方式进行。2014 年 8 月，《国务院关于加快发展现代保险服务业的若干意见》发布，明确指出我国保险企业要"走出去"，也就是说要增加我国保险资金进行海外项目配置程度，适当放宽保险资金境外投资范围和约束条件，这既是我国保险资金进行全球化资产配置的需要，也是保险机构提高国际竞争力的重要举措。随着"一带一路"倡议的提出，我国保险行业海外配置资产项目有了新的方向和契机。截至 2018 年 7 月，我国保险资金海外投资约 774 亿美元，约为 5100 亿元人民币，约占保险资产的 2.78%，与我国规定的 15% 的海外投资监管比例有很大的差距。2014～2017 年我国保险资金投资"一带一路"资金如图 3.6 所示。

从图 3.6 中可以看出，我国保险资金境外投资的金额逐年增加，从 2014 年的 239.55 亿美元增长到 2017 年的 774 亿美元，2014 年我国保险资金境外投资仅占保险资金总金额的 1.44%，2017 年占比增加到 2.78%，境外投资比例增长近一倍。保险市场增加对境外的资产配置主要是因为国家"一带一路"倡议深入推进，在国家政策的鼓励下，保险资金不仅支持"一带一路"倡议的实施，而且还能为我国保险资金资产配置提供新的资产项目。2018年，我国保险资金进行海外投资活动持续活跃，特别是"一带一路"倡议的

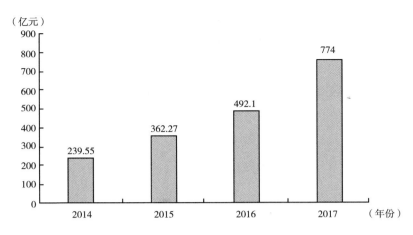

图 3.6　我国保险资金投资"一带一路"情况

资料来源：中国银保监会网站。

稳步推进。2018 年我国保险资金投资"一带一路"项目的资金约为 6994 亿美元，如今我国海外投资日益规模化、多元化、复杂化，海外投资保险逐步成为我国企业和金融机构构建境外项目投融资结构、规避海外政治风险的有效手段。由于"一带一路"沿线国家较多，利率风险、政治风险也有差异，因此，我国保险资金参与"一带一路"基础设施建设的投资方式主要是通过股权、债权、基金等方式，通过间接投融资的方式参与"一带一路"，不仅可以保证保险资金的安全，还可以拓宽保险资金资产配置渠道，在一定程度上分散风险。

3.3　我国保险资金资产配置存在的问题

2014 年，保监会出台新的保险资金运用的管理文件，该文件的颁布放宽了对保险资金资产配置的约束条件限制，我国保险资金资产配置的渠道和比例得到一定程度改善。而保险行业显著的功能性特征导致保险行业在进行资产投资时必须在资产投资和投资风险之间进行权衡。随着近年来我国保险资金运用规模的不断扩大、保险资金投资渠道的不断丰富以及监管政策的不断变化，我国保险资金投资在"保证收益"与"保险姓保"的双重要求下，在保险资金资产配置方面的问题逐渐显现。

3.3.1 保险资金资产配置结构失衡

当前，我国保险资金运用具有较多问题，尽管运用的渠道有所创新和拓展，投资的种类有所增多，但是始终存在着不平衡的问题，具体的不平衡表现在以下三点。

3.3.1.1 投资种类失衡

一方面，由于对银行存款和债券投资的高度重视，同时对其也进行了过度依存，导致对资金货币政策的影响较大，也因而对其安全性和收益情况产生了巨大的影响。另一方面，从西方发达国家的经验可以看出，股票和基金是主要的投资方向，例如，美国股票和资金的投资比例最高，达到80%，而我国仅占20%，远远低于其他发达国家股票和基金的投资比重。

3.3.1.2 投资周期失衡

我国保险资金中寿险资金占总保险资金的80%，而寿险资金中中长期资金占寿险资金的70%以上。然而，由于投资种类匮乏、工具明显不足，使保险资金和负债存在着失衡的现象，进而造成了较大的投资风险，影响了保险资金的使用和循环。一直以来，银行存款、国债和企债是我国保险资金资产配置的三个主要项目，相对于股票、基金类资产，债券类产品收益高于银行存款，而风险低于股票、基金和其他类资产投资，但由于债券市场产品品种较少，尤其是10年以上长期产品供给有限，存在"长债短配"等期限不匹配现象，导致我国自2013年以来债券配置比例趋于下降，保险投资收益率下滑。

3.3.1.3 风险匹配失衡

我国保险资金资产配置缺乏风险匹配和类型匹配，从我国保险资金投资渠道可以看出，我国保险资金配置于无风险类、固定收益类资产比例相对较高，该类资产虽能确保保险企业获取固定收益，降低保险行业风险损失，但受通货膨胀因素影响较为明显，对于该类资产投资比例过高，在高通胀率的大背景下，将对保险企业投资收益产生较大影响。除了像银行存款这种低风险资产配置比例较高，我国保险资金在股权类资产配置比例也较高，股票投资虽然能带来较高的收益，但同时也面临较大的风险，保险资金资产配置的原则之一就是要保证保险资金的安全性，股票市场波动较大，对保险资金的安全性而言并不是最好的投资项目。尽管近几年我国保险资金其他投资占比逐年上升，但是其他投资中包括海外投资等近几年较为热门的投资项目占比仍然较低，银保监会对我国保险市场海外资产配置的限制条件为不超过15%，然而我国的海外资产配置占比距离15%的约束条件差距较大。因此，如何完善我国保险资金的资产配置比例进而提高保险资金投资收益率是我国保险市场需要解决的一个重要问题。

3.3.2　保险资金资产配置渠道较少

保险资金运用的渠道有限，需要进一步拓展和创新。虽然近几年我国保险资金的投资渠道得到了较大程度的拓展，但是实际上的保险资金运用渠道仍然较为狭窄，投资面临着严峻的挑战。近年来，我国监管机构逐渐放宽保险资金投资方向，不动产、基础设施建设、对外贸易以及海外投资产品向保险资金的逐步放开，在一定程度上为保险资金投资提供了更加广阔的渠道和更高的收益，从而提升了我国保险企业市场竞争能力。但与西方发达国家保险企业保险资金投资活动相比，我国保险企业在投资渠道、投资比例和灵活性等方面均存在不足之处。

资金渠道的狭窄使保险资金增长受限，矛盾的冲突直接影响整个保险公司的实际偿付能力及运营情况。针对这一矛盾问题，要结合实际问题具体探讨解决。虽然在保险相关资金运用中，保险资金的银行存款比例受到影响，会逐步下降，但随着利率的下降，已经出现了负利率，会直接影响保险相关资金的直接保障利益，也直接影响了保险公司的现有偿付能力，对于保险行业的健康发展具有直接性的影响。虽然银行存款是保险相关资金运用的直接渠道，但本身保险公司具有可协议大额存款的优势，存款的利率可以由存款人和银行协商，而保险相关公司的寿保业务期限会比较长，且寿保业务较为普遍，规模广泛，所以保险公司可以充分利用协议存款利率高于市场利率这一点进行发挥。

由于我国保险资金对房地产、基础设施建设这些固定资产的投资起步较晚，许多投资行为尚属于试探性投资，无论从国家对保险资金投资的监管还是保险企业自身来说，我国保险资金对基础设施建设、海外投资等方向的投资规模虽逐年增加，但配置比例与国外保险资金对其配置情况相比，仍然较小。

3.3.3 保险资金运用的风险控制能力不足

由于保险公司的相关内容不匹配，会导致风险的不确定性，甚至风险加大的可能。例如，资产与负债和负债期限不匹配性，预期运用收益率与预定的保单利率不匹配性等，都有可能增加人寿保险利润亏损的风险，甚至会出现在运营保险中新的风险因素加大的可能性。保险公司相关寿保业务的资金都是长期期限，这些负债会呈阶梯形增加，而中国证券公司起步比较晚，保险公司债券的历史也比较短，现在投资结构和保险公司的负债还不能很好地对接，这些问题还有待时间的磨合。我国对保险资金资产配置渠道和各类资产配置比例的逐渐放宽，在一定程度上可以提高保险资金的投资收益，并且提高保险行业在经济市场中的竞争能力和在承保端的偿付能力。保险资金资产配置渠道的拓宽使保险公司拥有更高的自主选择权，但与此同时，加大了保险资金资产组合的复杂程度，也使保险公司面临更加严峻的风险管控问题。

一方面，保险资金进行投资组合时投资项目的增加，对保险公司进行投资策略的选择和对保险资金安全性的管理提出了更高要求；另一方面，投资组合的变动必然导致我国保险企业将直接面对新资产投资所带来的风险，例如保险资金进入房地产投资领域，将直接面对房地产市场泡沫以及国家对房地产市场政策变动所带来的各方面风险。同时，随着我国对金融市场改革的不断深化，使我国保险资金投资收益波动较大。利率作为金融市场投资活动最重要的参考工具，其变动会对保险资金的投资收益带来较大影响，例如经济市场利率的频繁波动对债券市场、股票市场、不动产市场等各类资产均产生较大影响，在一定程度上增加了保险企业风险管理难度。

3.3.4　投资组合收益率稳定性较差

保险公司进行资金投资时须对投资的收益性与风险性进行权衡，即在保证收益性的前提条件下将投资风险控制在最小范围或在最小风险条件下实现投资收益最大化，对于"稳定性"和"收益性"的追求，对保险企业投资活动提出了更高要求。

衡量保险相关公司的投资收益在于投资回报率的核算，投资回报率若是过低，一方面会直接影响保险相关公司的现有偿付能力；另一方面也会降低保险相关公司的信誉，甚至可能直接影响保险相关公司的经营形象甚至市场竞争能力。以中国人寿、新华人寿、太平洋人寿、平安人寿为例，保险相关公司所承担的保险实际业务若是存在亏损，即使各家公司的保险资金运用可以弥补实际承担保险业务的亏损漏洞，但盈利率也仅在 1% 左右。所以目前保险公司投资资产结构来看，银行存款、债券等比例过高，而利率敏感的投资品种所受到的收益较容易受到外来因素的影响，例如货币政策或者利率的走势等，因此，这些投资品种风险也比较高，需要慎重选择。

2004～2018 年我国各个保险机构对保险资金投资收益率给予了高度重视，收益率虽有所提升但与保险市场发达的国家相比仍处于较低的收益水平，且收益率稳定性较差。我国 2004～2018 年保险资金投资收益率变化情况如图 3.7 所示。

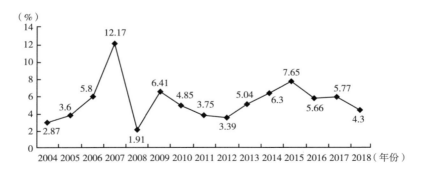

图 3.7   2004～2018 年我国保险资金投资收益率

资料来源：中国保险市场年报。

从图 3.7 中可以看出，我国保险资金投资收益率在 2007 年达到近年最高值，2008 年受全球性金融危机的影响，我国保险资金投资收益率是最低的，2009 年全球经济逐渐恢复，保险资金投资收益率也有所提高。2013 年以来我国保监会发布了一些关于保险资金运用的文件，使保险资金投资渠道的限制条件减少，保险资金资产配置慢慢呈现多元化的状态。同时监管部门也加强了对保险资金投资项目的风险管控能力，因而保险资金投资收益率也平稳增加。

目前，我国部分保险企业资产投资收益偏低且存在不稳定性，我国保险资金运用收益率普遍偏低，整体收益率仅为 3.6%，国外发达国家的保险资金投资收益率在 8% 左右，其中，美国保险资金投资收益率能达到 14%，相比之下，我国保险资金投资平均收益率仍处于较低水平，与西方发达国家具有一定的收益率差距。相对来说，西方发达国家的投资收益率高于 GDP 增长率，而我国却远低于 GDP 增长率，其主要原因就是因为，我国保险行业的资金运用水平普遍偏低，导致资金运用效率偏低，专业化程度偏低等。

首先，保险资金运用结构层面上存在的原因。目前，我国保险资金运用包括企业、政府、金融债券及银行存款等，由于银行存款利率的逐渐下调，导致基金的投资价格出现了明显的下降，投资回报率逐渐下滑，保险行业所有保险公司的整体业绩受到很大程度上的影响。其次，由于我国市场经济正处于不断发展和完善的过程，资本市场的发展并不顺畅，仍然存在着尚未完善的地方，其中，法律法规制度的不健全，导致保险公司投资收益难以实现稳定的状态。最后，对新渠道的投资尚处于试探阶段，因此，保险资金资产配置尚未达到最优化水平。保险企业尚未抓住监管条件放开和投资渠道多元化的有利条件，大多资产项目的配置比例并未达到最合适的比例，在承担相同总体组合风险水平下，采用适合的投资组合优化策略对我国现行保险资金资产配置资产比例进行优化调整，一方面可以降低保险资金的投资风险；另一方面可提高其投资收益。

此外，保险行业的资产管理存在着一系列的问题，导致盈利能力普遍较低。垄断资金运用模式使保险行业市场化程度偏低，人才较为缺乏。正是因为以上存在的种种因素，使投资收益率高低不一，从中也进一步表明了我国保险资金投资组合仍然存在优化空间，保险资金具有较大的上升价值。

| 第 4 章 |

保险资金参与"一带一路"基础设施建设的必要性和可行性

　　"一带一路"沿线国家大多经济不发达，很难完全依靠自己国家完成基础设施建设，需要大量的外来投资以建设"一带一路"沿线的基础设施，需求期限较长且需求稳定，保险资金规模大，同时又需要长期资产投资以改善保险资金的资产负债匹配，从"一带一路"基础设施的需求和保险资金的特点来看，保险资金很有必要将保险资金投资到"一带一路"沿线的基础设施建设之中。

　　"一带一路"倡议旨在共同发展，基础设施作为互通的基础成为"一带一路"倡议发展的优先领域，结合保险资金规模大、期限长的特点，"一带一路"沿线基础设施建设项目成为保险资金的关注点，沿线基础设施建设水平较为落后，目前对"一带一路"沿线的投资还存在投资行业与投资地区不均衡的现状，"一带一路"沿线的基础设施建设项目资金缺口大，本章将结合保险资金与"一带一路"沿线基础设施建设项目分析保险资金投资"一带一路"基础设施建设的必要性与可行性。

　　基础设施证券化有两种情形，一种是以基础设施未来的收入为对象的未来现金流证券化；另一种是以对基础设施贷款的存量资产证券化。存量资产证券化比较容易进行风险隔离，而未来现金流证券化的隔离效果差。

4.1　保险资金投资"一带一路"
基础设施建设的必要性

4.1.1　保险资金与基础设施投资的特征

4.1.1.1　保险资金的投资特征

保险资金的投资特征与市场上其他资金相比，保险资金的来源比较特殊，主要由各项准备金、资本金、公积金和未分配利润构成。这使其具有以下内在特征，并形成了特殊的投资需求。一是负债性。各项准备金由保费积累而成，构成了保险资金的主体，并以保险公司负债的形式存在，用于在将来某一时刻履行其给付或赔偿义务。负债经营的保险公司在投资上具有低风险偏好性，这决定了保险资金必须凸显稳健的投资特征，主要投资于收益长期稳定、风险较低的产品，并通过多元化配置分散投资风险。二是长期稳定性。资本金和公积金在本质上属于所有者权益，在保险资金和被保险标的价值之间所形成的资金余额，随着社会经济活动的延续，产生了资金的长期滚动，形成了大量低成本的资金长期留存。运营好这部分资金，创造投资价值，便成为保险机构掌握的活资本。此外，多数寿险保单期限较长，由其形成的责任准备金也具有长期、稳定的特征。这使保险公司有能力为投资标的持续提供资金，同时，管理利率风险的需求也要求保险资金必须做好资产负债管理，尽可能使资产与负债的期限结构相匹配。三是增值性与低成本性。大部分寿险保单都有最低保证收益或相关条款，且万能险、投资连结险及分红险等产品本身就具有投资性。集成这些投资性资金，可以形成规模化资金，在保障最低风险的前提下，完全能够进行长期性的可靠投资，以期获得更多的收益。此外，保险资金相对较低的资金成本使其无须过度追求高收益，而应在安全前提下选择适中回报。

因此，保险资金必须选择合适的投资标的，通过合理的投资行为获取收益。

4.1.1.2 基础设施的投资特征

基础设施在国家和区域的经济社会发展中处于基础性、先导性的地位，同时有着不同于一般项目投资的特殊性。一是收益率较稳定，风险相对可控。张洪涛认为，基础设施是一种收益稳定的资产。与多数金融资产与经济周期关系密切的特征不同，无论在经济周期的高峰或低谷，基础设施作为基础性产业都是必不可少的，因此，其现金流通常较为稳定且与其他资产之间不存在关联性波动，加之政府一般会对基础设施项目提供一些支持，使项目整体风险是可控的。二是投资回收周期长，能够抵抗通货膨胀。基础设施建设作为一项大型、系统性工程，投资周期远长于债券、股票等金融资产。而且，即使项目建成，也需要经过一定的经营周期才能够收回投资。较长的投资周期使可控的基础设施投资具有一定的抵抗通货膨胀的功能，在通货膨胀导致初期投入有所缩水的同时，其未来收益也会发生相应膨胀，从而减少了账面价值的损益。三是对资本需求量大且需要持续投入。对于国家基础设施建设而言，不论是高速公路，还是高速铁路，或是大型电站、机场等，不仅初始投资规模大，而且后续投资周期也长。少量、分散的资金投入并不可行，只有初始投入资本达到一定水平，并具有稳定、及时的后续追加投资，才能保证项目建设的顺利进行。综合而言，从资金本身的投资收益与风险控制角度分析：长期、稳定、风险偏好较低的大规模保险资金与基础设施项目建设周期长、资本要求高、收益稳定等投资特征十分匹配；基础设施作为长期投资工具，有利于保险资金提升资产负债期限的匹配度，且其与保险资金投资组合中其他传统资产类别的相关性较低，能够在一定程度上分散投资组合的风险。从国家宏观经济需求的角度分析：一个国家基础设施的成熟与发达程度，决定了这个国家的发达的水平，甚至竞争力的高低。基础设施规模化资金和长期性资金的需求门槛，单纯靠国家财力来投资往往不足。将保险资金引导到基础设施的投资上，一旦形成了保险资金的投资与收益的良性循环，既可以化解保险资金余额的资产配置风险，又能够很好地解决国家基础设施投资不足的难题。

4.1.2　投资期限与寿险资金期限匹配

目前我国金融市场整体的发展程度不是特别成熟，发展制度不完善，很多都属于短期投资，故保险资金在投资方面一直存在着资产配置不合理、中长期资产配置特别少的问题。保险资金特别是寿险资金具有期限长、规模大的特点，20 年以上的资金占比 50%，而在保险可投资的金融工具中缺乏与之相匹配的品种，例如国债、金融债以 3 年、5 年、7 年、10 年期居多，超长期国债规模较小，难以满足保险资金在期限上的需求。将"一带一路"基础设施项目作为险资的一种投资渠道，在一定程度上可以优化保险的资产负债结构，当进行资产负债结构优化时必须要考虑到资产负债管理理论在投资中的应用。

资产负债管理理论最主要的是现金流匹配理论，该理论主要是分析资产组合的现金流和债务组合的现金流两者的期限是否匹配，从而保证在投资的过程中机构的资产和负债是否平衡，以更好地了解在投资过程中的风险状况，同时利用该项指标可以很好地规避风险，例如在投资过程中发现资产负债不匹配时可以找出具体的指标，然后利用相关的投资工具进行风险对冲，现在企业用得比较多的就是对冲工具为利率对冲，所以该理论在规避利率风险方面有很好的指导作用。另外，保险公司在进行投资选择时可以预先根据相关指标分别计算资产和负债能够产生的现金流，如果两者能够很好地匹配则该投资组合在一定程度上可以很有效地降低价格风险及投资风险，安全系数是比较高的，可以进行投资；反之，如果计算结果出现很大的现金流不匹配，则找出具体的指标进行适当的调配，进而化解风险隐患。

目前随着我国国情的发展，人们保险意识的提高，致使保险行业规模扩大，资金量大量积聚，致使很多保险资金出现长资短投的现状，保险资金利用率比较低，利用不够充分，这对于保险行业的发展是大大不利的，对此我们寻求更长期能够使保险资金充分发挥其特点的投资产品。

银保监会披露的 2018 年保险统计数据显示，38016.62 亿元的原保费收入中，产险公司的原保险保费收入是 11755.69 亿元，寿险公司原保险保费收入为 26260.87 亿元。2018 年的产险业务原保险保费收入为 10770.08 亿元，寿险业务原保险的保费收入 20722.86 亿元，健康险业务原保险保费收入为 5448.13 亿元，意外险业务原保险保费收入为 1075.55 亿元。显然保险资金中以寿险资金规模最大，寿险负债久期较长，一般长达十五年至二三十年之久，由于它的长期性特征，所以比较适合投资于长期性投资产品。

在保险资金可投资的金融产品中，例如国债、金融债的期限都较短，超长期国债较少，中国保险行业现在的投资还多以短期投资为主，因为这种不考虑期限的不匹配运用，出现了长债短投、短债长投的问题，其中，以长债短投现象最为严重，严重影响了保险资金的使用效益。据统计，我国寿险公司中长期资产与负债的不匹配程度已超过 50%，且期限越长，不匹配程度越高，有的甚至高达 80%。这种资产与负债的严重不匹配，不仅会使保险业面临资产负债的错配风险，而且会由于资金的配置问题制约保险行业的良性发展。

进行保险资金投资的多以寿险资金为主，而寿险资金的时间期限较长，也就是投保人将较长期限的资金委托保险人进行"看管"，而保险人在"看管"期间具有一定的使用权，因而保险资金也具有一定的稳定性。

保险资金具有较长期限的稳定性，不仅可以为"一带一路"沿线基础设施建设提供较长期限的资金，同时可以持续稳定地对"一带一路"沿线基础设施建设供给资金。因此，保险资金有必要投资于"一带一路"沿线基础设施建设之中，不仅可以解决基础设施建设长期的资金需求，也可以缓解保险资金资产负债不匹配的问题，可以通过长期稳定地为"一带一路"沿线基础设施建设提供资金以改善保险资金的使用情况。

4.1.3　安全稳定与保险资金注重安全性匹配

随着保险市场越来越开放，其所面临的风险也越来越多，因而急需多元化投资以分散风险。当进行多元化投资时，必须要考虑到投资组合理论在实际中的应用。

马科维茨提出的投资组合理论有两项主要内容：均值—方差和投资组合有效边界理论。关于该理论主要从以下四个方面进行假设：（1）投资者熟悉期望收益率及标准差，并且资产的价格能够体现其内在价值；（2）投资组合中风险由方差表示，收益由期望来表示；（3）投资者是收益偏好型的，在风险一定的情况下追求最大收益；（4）每项投资的收益率都可以用一定的相关统计变量进行表述，例如协方差等。

该理论最大的贡献在于将计量经济学运用到实际投资中，量化分析比较直观。除了以上所列出的条件外，马科维茨投资组合理论还存在很多隐含的条件，主要有：（1）该模型认为投资收益率都服从正态分布，但现实中的收益率趋势往往比较复杂，并且非对称的；（2）假设投资者能以一个无风险利率贷出（即投资）或借入任意资金；（3）假设认为每一项资产都是无限可分的，但该假设误差大；（4）交易是无摩擦的，税收和交易成本均忽略不计。

由于"一带一路"沿线国家基础设施项目比较多，故可以将保险资金进行多元化投资。根据上述理论可得，投资组合的风险指标可以通过一定的统计变量进行描述和计算，例如，收益率可以通过期望来反映，风险可以通过方差来表示，通过具体指标清楚地了解一项组合的投资情况，不断地调整各资产之间的相关系数来分散该项组合的投资风险。与其他投资资产相对比，基础设施项目本身的安全性比较高，因而将基础设施建设项目作为保险资金的一种投资领域，本身就属于分散风险的一种方式，至于分散风险程度的高低，取决于基础设施项目的投资比例和该项投资组合之间相关系数的大小。

发达国家采用统计学的方法计算出基础设施建设项目和其他资产相关系数的大小来反映两者之间的相关程度,具体相关程度如表4.1所示。

表 4.1　基础设施类不动产与其他类型资产年收益率之间的相关系数

项目	农用不动产	标准普尔 500	20 年期政府债券	1 年期政府债券	通货膨胀率
基础设施类不动产	0.06	0.16	- 0.04	0.53	0.7

资料来源:William N. Goetamann and Roger G. Ibbotsom. The Performance of Real Estates as Asset Class [J]. Journal of Applied Corporate Finance,1990,3(1):65 - 76.

通过表4.1可以看出,基础设施类不动产与股票之间具有相对较低的正相关性,与20年期政府债券之间的相关系数为负,表明将基础设施作为一项单独的资产投入原本包括股票债券的资产组合当中,能够起到非常好的风险分散化效果,因而有必要将保险资金引入"一带一路"基础设施建设中。

4.1.4　海外投资与保险资金多元化投资相匹配

保险行业较为发达的国家金融市场以及保险监管机制都较为成熟,保险投资的渠道也较为广泛,英国作为保险行业的发源地,保险行业发展非常成熟,因此,保险行业的监管比较宽松,行业自由度很高,多数的经济活动依靠的是保险行业自身的自律,在投资方式、投资比例等方面均没有明确严格的限制。在此基础上,保险行业自身可以根据金融市场的变化灵活地调整自身的投资活动,能通过敏锐的洞察及时有效地规避风险。

英国保险资金运用范围比较宽泛,英国的保险公司极其重视国际市场的投资,纵然英国本土的金融市场很发达,有益于保险行业在本国的投资活动中获取稳定且较高的投资收益,但是海外市场仍旧是英国保险公司以分散投资风险的重要手段,以通过海外市场的投资分散国内投资风险的连带性。

但是由于我国保险行业发展时间较短,与保险行业较为发达的国家相比,可供投资的投资品较少,金融体系也不完善。截至目前,我国保险资金的主要投资渠道有:银行存款、债券、股票、证券投资基金以及包括基础设施投资和海外投资的其他类投资,虽然有部分的海外投资,但对海外投资的态度不够重视。

　　将保险资金投资于"一带一路"沿线基础设施建设项目，可以丰富保险资金的投资渠道，拓宽到海外投资项目，有助于构建多元化的资产配置，通过丰富投资产品以分散保险资金的投资风险。因此，从多元化投资方面来看，保险行业有必要将保险资金投资于"一带一路"沿线的基础设施建设项目之中。

　　近几年，我国保险资金的运用渠道不断拓宽，保险资金目前的投资渠道有银行存款、政府债券、公司债券、金融债券、证券和基金、股票、基础设施和其他等，而银行存款和国债一直是我国保险资金运用的主要投资资产，占比较大，而对于基础设施建设的投资比例也较小，具体投资比重如表4.2所示。

表4.2　　　　　　　　2001～2015 年我国保险资金投资结构　　　　　　单位：%

年份	银行存款	国债	企债	金融债	基金	股票	基础设施	其他
2001	52.4	21.67	2.35	4.38	5.5	—	2.23	11.7
2002	52.1	18.64	3.16	6.96	5.4	—	2.11	11.8
2003	52.1	16.1	4.45	9.5	5.3	—	2.14	10.51
2004	47.52	24.29	5.94	9.52	6.18	—	2.12	3.1
2005	36.65	25.48	8.55	12.81	7.86	1.14	2.69	3.05
2006	33.67	20.51	11.93	15.49	5.13	5.22	2.11	2.84
2007	24.41	14.82	10.48	18.84	9.47	17.33	3.38	4.51
2008	26.47	13.77	15.05	28.61	5.39	12.7	3.16	2
2009	28.11	10.83	16.23	23.37	7.37	11.22	4.74	2.35
2010	30.21	10.46	17.23	21.8	5.69	17.7	5.2	4.45
2011	32.06	8.39	15.86	22.5	5.26	6.85	5.4	8.83
2012	34.21	7.01	15.9	21.64	5.29	6.5	5.92	9.46
2013	29.45		43.34			16.23	6.32	10.9
2014	24.91		39.09			32.78	6.54	11.22
2015	21.78		36.31			30.02	7.18	13.14

　　资料来源：国家统计局及笔者计算整理。

由表 4.2 可以得出，其中，2001～2006 年银行存款占比均在 30% 以上，且远远高于 30%，随后的 10 年，呈起伏变化的状态但多数在 20%～30%；2006～2015 年，债券投资规模占比始终保持在 30% 以上，最高时在 2008 年可达 57.43%，近几年投资比重有所下降，2015 年最低为 36.31%。债券具有很好的稳定性与寿险长期稳定性相匹配，因而也成为保险资金投资的重点。随着保险资金投资新政的出台，保险资金不断拓宽其投资渠道，将越来越多的资金用于基础设施建设方面，根据《境外投资管理暂行办法实施细则》中明确规定，保险资金境外投资余额不超过上年末总资产的 15%，境外投资金额也在不断扩大，保险资金参与"一带一路"基础设施建设的境外投资空间比较大。

4.2　保险资金参与"一带一路"基础设施建设的可行性

从"一带一路"沿线国家基础设施建设发展的角度来看，沿线地区基础设施建设普遍滞后，尽管在政府支出中基础设施投资占有一定的比重，但所需资金量是远远不够的，急需大量资金进行投资；从保险行业来看，保险资金规模大，很有必要将保险资金引入"一带一路"基础设施的建设。

4.2.1　"一带一路"沿线基础设施建设滞后

在"一带"所涉及的三条线路中，对于中亚—俄罗斯—欧洲（波罗的海）沿线，其中，中亚地区多数经济发展落后，政府基础设施财政压力大，俄罗斯虽然具有一定的外汇储备，但整个国家的基础建设资金缺口仍然比较大，中东欧地区虽然资金相对充裕，但在基建方面的资金缺口仍然比较大；对于中亚—西亚—地中海沿线，其中，西亚地区基础设施落后，需要建设的基础设施量比较大，资金缺口比较大，地中海有些地区基础设施发展比较完善，但埃及发展落后，地方政府财政资金不足；对于东南亚—南亚—印度洋沿线，东南亚地区基建方面财政资金不足，急需引入大量资金，南亚地区情况相同。

在"一路"所涉及的两条线路中，对于南海—印度洋—欧洲沿线，东南亚地区，基础设施建设占国内产值比较重，但是项目审批流程比较复杂，融资困难，资金缺口比较大；印度洋地区，其交通基础设施极为落后，质量差，政府财政资金不足，急需引入大量资金；对于南海—南太平洋沿线，以澳大利亚为代表，虽然基础设施相对完善，但在基建方面所需资金量还是比较大的。

通过以上分析再结合"一带一路"基础设施建设及投融资现状可以看出，基础设施建设水平滞后，并且资金缺口大，急需大量资金促进其基础设施建设的完善。基础设施建设水平与一国的经济水平呈正相关，经济水平发达的基础设施建设水平较高，经济水平落后的基础设施建设水平相对落后。"一带一路"沿线覆盖的大多为经济欠发达地区，经济基础薄弱，基础设施建设水平落后。

2019 年 10 月 8 日，世界经济论坛发布了《全球竞争力报告》，报告共统计了 140 个经济体的竞争力指数（见表 4.3）。

表 4.3   "一带一路"沿线国家基础设施竞争力指数

国家	指数	国家	指数	国家	指数
中国	72.6	蒙古国	52.7	塞尔维亚	60.9
越南	58.1	北马其顿	56.6	尼泊尔	50.8
约旦	59.3	马来西亚	74.4	摩尔多瓦	55.5
印度尼西亚	64.9	罗马尼亚	63.5	孟加拉国	52.1
印度	62	立陶宛	67.1	巴林	63.6
以色列	76.6	黎巴嫩	57.7	巴基斯坦	51.1
伊朗	54.9	老挝	49.3	爱沙尼亚	70.8
也门	36.4	拉脱维亚	66.2	埃及	53.6
亚美尼亚	59.9	克罗地亚	60.1	阿塞拜疆	60
匈牙利	64.3	科威特	62.1	阿曼	64.4

国家	指数	国家	指数	国家	指数
新加坡	83.5	卡塔尔	71	阿拉伯联合酋长国	73.4
希腊	62.1	捷克	71.2	阿尔巴尼亚	58.1
乌克兰	57	柬埔寨	50.2	伊拉克	—
文莱	61.4	吉尔吉斯斯坦	53	叙利亚	—
土耳其	61.6	黑山	59.6	乌兹别克斯坦	—
泰国	67.5	哈萨克斯坦	61.8	土库曼斯坦	—
塔吉克斯坦	52.2	格鲁吉亚	60.9	缅甸	—
斯洛文尼亚	69.8	菲律宾	62.1	马尔代夫	—
斯洛伐克	66.8	俄罗斯	65.6	不丹	—
斯里兰卡	56	波兰	68.2	白俄罗斯	—
沙特阿拉伯	67.5	波黑	54.2	巴勒斯坦	—
塞浦路斯	65.6	保加利亚	63.6	阿富汗	—

注：缺少部分地区数据。
资料来源：《2019 年全球竞争力报告》整理得到。

统计数据显示，这 140 个国家和地区基础设施竞争力指数的平均值为 60.05（最高值为 100）。"一带一路"沿线国家基础设施竞争力指数最高的是新加坡，为 83.5，最低的也门仅为 36.4，包含中国在内的 66 个"一带一路"沿线国家中明显高于全球平均水平仅为一般（33 个国家），即仍有一些"一带一路"沿线国家的基础设施建设水平落后，因此，目前来讲，"一带一路"沿线国家需要大力建设基础设施。

"一带一路"沿线的基础设施是实现"一带一路"倡议目标的基础，而"一带一路"沿线多数国家基础设施发展处于落后水平，对基础设施建设都有着强烈的需求。因此，"一带一路"沿线国家急需进行基础设施建设，未来会有较多的基础设施新建，再往后的时间会是基础设施的维护与更新换代，其基础设施的资金需求也绝不会是一次性的，而是长期稳定的需求。

4.2.2 "一带一路"基础设施建设的资金缺口较大

"一带一路"沿线基础设施建设水平落后，而"一带一路"沿线国家大多经济欠发达，很难完全依靠各国自身进行基础设施建设，那么除了沿线国家各自的财政支出以外还需要其他的资金来源才能完全对沿线国家的基础设施进行发展，"一带一路"沿线基础设施建设的资金来源主要有以下四个方面。

（1）各国政府的财政支出是"一带一路"沿线基础设施建设最基本的资金来源，负责各自国内的基础设施建设。"一带一路"沿线多是发展中国家以及新兴经济体，经济发展较为缓慢，各国的财政支出并不足以完全覆盖国内的基础设施建设。据世界银行估算，各国政府支出只能解决各自国内基础设施资金需求的 60%～70%，显然每个国家的 30%～40% 以及各个跨境跨区域的基础设施建设将由融资方式获得。换言之，"一带一路"沿线基础设施建设资金需求量大，需要通过不同路径融得资金以支持"一带一路"沿线的基础设施建设。

（2）各类国际性金融机构的资金对"一带一路"沿线的基础设施建设具有重要的作用，主要来自世界银行、亚洲开发银行和亚洲基础设施投资银行等金融机构。世界银行的主要任务是资助贫困国家，各机构在减轻贫困和提高生活水平的使命中发挥着独特的作用，世界银行的贷款中有 90% 属于项目贷款，用于成员的基础设施建设。亚洲开发银行旨在帮助亚太地区消除贫困，也会通过贷款的方式支持成员的基础设施建设。2017 年 IBRD 贷款和 IDA 贷款分别为 1640700 万美元和 869800 万美元，亚洲开发银行的贷款为 1780000 万美元，这些资金中只有部分用于基础设施建设，亚洲开发银行中大约只有 1/3 用于交通基础设施领域。亚洲基础设施投资银行于 2015 年由中国提出并创建，主要业务是通过一系列方式援助亚太地区国家的基础设施建设，成立后的第一个目标就是投入"丝绸之路经济带"的基础设施建设之中，弥补了世界银行和亚洲开发银行等的专注度不足。据估计，各类国际性金融资本大约能解决"一带一路"沿线国家 6%～10% 的基础设施建设资金需求。

（3）商业银行的贷款也是"一带一路"沿线基础设施建设资金来源的一部分。我国以国有银行为领军的商业银行在境外的分支机构越来越多。这些境外的分支机构大多规模较小，在数量上各大商业银行也还具有较大的发展空间，尤其是"一带一路"沿线国家。随着商业银行逐步在海外设立分支机构并扩大其规模，也将积极地参与到"一带一路"沿线的基础设施建设之中，估算能解决5%～8%的资金需求。

（4）仅仅依靠各国政府财政、国际金融资本和商业银行贷款并不能完全满足"一带一路"沿线的基础设施建设资金需求，因而为商业机构以及私人资本提供了投资机会。"一带一路"沿线的基础设施建设还需要大量商业机构和私人资本的加入，对投资力度较弱的地区以及投资力度较弱的行业进行投资，填补资金缺口。私人资本大多要依托商业机构参与到基础设施投资之中，商业机构则包括保险公司和债券公司等其他重要融资机构。

根据世界银行的估算，到2030年，发展中国家的基础设施投资需求将达到约8640亿美元，其中，"一带一路"沿线国家的基础设施投资需求将占绝大部分，在2030年达到约6499亿美元。但是"一带一路"沿线基础设施的需求不仅包含自己国内的基础设施需求，还包含跨境联通各国之间的基础设施需求，世界银行的估算并未将跨境基础设施需求包含在内，因而"一带一路"沿线的基础设施需求并不只6499亿美元。

本书在已有研究成果的基础之上，借鉴国务院发展研究中心金融研究所副所长、研究员张丽平的方式将"一带一路"沿线国家是否接受国际开发协会贷款分为IDA国家和非IDA国家。

用ARMA模型对"一带一路"沿线不含中国的63个国家或地区（因数据的可得性，除去叙利亚和巴勒斯坦）2017～2020年的GDP进行估算，结果如表4.4所示。

表4.4   **"一带一路"沿线国家GDP预测**   单位：亿美元

项目	2017 年	2018 年	2019 年	2020 年
IDA 国家	8049.4	8369.3	8681.3	8990.4
非 IDA 国家	112900.2	111445.9	109950.6	108784.6

资料来源：世界银行数据库整理得到。

在"一带一路"沿线国家预测GDP的基础上，基于基础设施投资规模占 GDP 的比重对沿线国家的基础设施建设需求进行预测，对 IDA 国家采用 2.2% 的合意比例，非 IDA 国家采用 3.2% 的合意比例，得出 2017～2020 年 "一带一路" 沿线基础设施建设资金需求情况，如表 4.5 所示。

表 4.5　　　　　"一带一路" 沿线国家基础设施建设需求预测　　　单位：亿美元

项目	2017 年	2018 年	2019 年	2020 年	合计
IDA	177. 0868	184. 1246	190. 9886	197. 7888	749. 9888
非 IDA	3612. 8064	3566. 2688	3518. 4192	3481. 1072	14178. 6016
合计	3789. 8932	3750. 3934	3709. 4078	3678. 896	14928. 5904

资料来源：根据世界银行历年数据计算得到。

根据预测结果可以看出，2017～2020 年 "一带一路" 沿线国家基础设施建设的资金总需求大约为 1.5 万亿美元，各国政府解决 60%～70% 的资金需求，各类国际性金融资本解决 6%～10%，商业金融机构解决 5%～8%，那么还有 15%～25% 的资金缺口需要民营机构的参与，为 2250 亿～3750 亿美元。通过进一步计算可得，2017～2021 年的投资总需求为 11.6 万亿美元，同比增长 9.1%，其中，IDA 国家与非 IDA 国家基础设施投资总需求约为 15.18%。由此可见，"一带一路" 沿线国家的基础设施总需求还是有很大的投资空间。

通过上述对 "一带一路" 沿线基础设施建设的资金需求预测可以看出，"一带一路" 沿线多数国家需要大量的资金建设其基础设施。与此同时，"一带一路" 沿线国家多数经济不发达，本国财政难以担负大量的基础设施建设资金缺口，就需要其他的资金来源，而除了各类国际性金融资本和商业性银行机构这两项资金来源以外还存在大量的资金缺口，保险资金完全可以凭借其与 "一带一路" 的契合度参与其中，为自身的资产配置提供多渠道投资，从而提高投资收益率。

4.2.3　保险行业在国内基础设施投资领域经验丰富

自 2015 年 "一带一路" 倡议提出以来，各方资金对 "一带一路" 倡议沿线项目的投资逐渐增多，中国作为倡导国更是积极地投资于 "一带一路"

倡议项目之中，2015~2018 年中国企业对"一带一路"沿线非金融类直接投资的具体情况如表4.6所示。

表4.6　　　　　　　中国对"一带一路"沿线非金融类直接投资统计

项目	2015 年	2016 年	2017 年	2018 年
国家数量（个）	49	53	59	56
投资额（亿美元）	148.2	145.3	143.6	156.4
新签对外承包工程项目合同（件）	3987	8158	7217	7721
新签合同额（亿美元）	926.4	1260.3	1443.2	1267.8

资料来源：中华人民共和国商务部网站。

中国对"一带一路"沿线的投资国家数量正逐渐扩大，从 2015 年的 49 个国家到 2017 年的 59 个国家，2018 年的国家数量虽然没有 2017 年的多，但也达到了 56 个国家。对"一带一路"沿线的总投资额从 2015~2017 年是缓慢减少的，但 2018 年总投资额高于以往各年，达到了 156.4 亿元。

中国投资"一带一路"沿线国家的方式还有在沿线国家签订对外承包工程项目合同，2015 年中国对"一带一路"沿线国家新签订对外承包工程项目合同额占同期我国对外承包工程新签合同额的 44.1%，2016 年的占比为 51.6%，2017 年和 2018 年的占比分别为 54.4% 和 52%。从该项占比可以看出，除了 2015 年以外，其余几年对"一带一路"沿线国家对外承包工程新签合同额占比均高于 50%。

从对"一带一路"沿线国家的总投资情况和对外承包工程新签合同情况都可以看出，中国对"一带一路"倡议的投资力度较大并均有不同程度的增长。在 2019 年的博鳌亚洲论坛上，中国国家开发银行表示，已累计为"一带一路"项目提供 1900 多亿元的融通资金，国开行在 2017 年"一带一路"国际合作高峰论坛上承诺提供的 2500 亿元专项贷款。截至 2019 年 2 月已累计完成了 4807 亿元，其中，基础设施建设项目为 1391 亿元，以上说明中国作为倡导国以及投资主力军对"一带一路"的投资力度不断增长，也就是说"一带一路"倡议的投资存量逐渐增加，"一带一路"基础设施建设的投资力度也随之逐渐增加。

自中国改革开放以来,对基础设施建设始终高度关注并不断进行投资建设,因此,在基础设施建设领域积累了大量经验,创新能力以及技术都在全球具有一定的先进性。中国于1980年恢复保险业务,有关于保险资金投资渠道的相关法律法规也在逐年完善,2006年3月颁布的《保险资金间接投资基础设施项目试点管理办法》开始允许保险资金间接对基础设施建设进行投资。2012年10月颁布了《基础设施债权投资计划管理暂行规定》,该项规定提出基础设施的债权投资计划。2013年保险业推进了基础设施投资计划注册制改革,改革之前保险资金累计投资基础设施计划83项,备案金额累计2941亿元,2013年的基础设施债权计划增量为3452亿元,大于改革之前的累计金额,截至2015年,保险资金对基础设施的债权、股权投资计划金额为8534.6亿元。

保险行业的投资渠道逐步放宽并积极投资基础设施的建设项目,参与基础设施建设中的方法趋于多样化,投资于基础设施建设中的资金金额也越来越多,在投资基础设施建设领域的经验也更加丰富,保险资金也可成为服务"一带一路"基础设施建设重要的资金来源。

4.2.4 "一带一路"沿线国家基础设施建设资金供给短缺

由于"一带一路"的多数沿线国家财务基础较为薄弱,国家发展指数较低,其主要依靠各类金融机构的贷款来改善其基础设施建设以及自身投资环境。"一带一路"沿线国家多数为发展中国家,因此,实现基础设施的互联互通是其发展自身经济的基础。根据现有数据分析,对于"一带一路"沿线国家的基础设施项目建设的资金供给仍不足,例如沙特政府计划建设全国的铁路网预计需要投资450亿美元;卡塔尔为举办2022年世界杯需加大其基础设施投资,累计资金投入可达2050亿美元。如此庞大的资金缺口,仅靠国家内部的资金支持是远远不够的。

鉴于数据的可得性,我们对于各类资金的供给测算采用基础设施投资额占 GDP 的比重来测算。为了使数据更为准确,我们将"一带一路"沿线国家基础设施投资额占 GDP 的比重设为高比例 8%,由此得到表 4.7。

表 4.7 基础设施供给的测算 单位:亿美元

项目	2016 年	2017 年	2018 年	2019 年	总计
GDP	222880	241240	261890	286140	1012150
基础设施供给量	17830	19300	20950	22890	80970

资料来源:根据世界银行数据计算得到。

分析表 4.7 可以看出,截至 2019 年基础设施供给量总计约为 8.1 万亿美元,前面估算其需求约为 11.6 万亿美元。如此大的资金缺口对于"一带一路"沿线发展中国家来讲,单一国家无法自行负担此缺口,因而需要"一带一路"沿线国家共同融资来促进彼此经济的共同发展。考虑到保险资金与其的契合程度,我国保险机构可以将其纳入资产配置优化范围内,来优化自身的配置结构。与此同时,保险资金在参与"一带一路"基础设施建设时,不仅可以拓宽其投资渠道,而且还可以在一定程度上分散风险。因此,从多元化投资方面来看,保险行业有必要将保险资金投资于"一带一路"沿线的基础设施建设项目之中以丰富投资产品。

4.2.5 各国政府出台相关政策大力扶持

2009 年保监会出台了《关于保险资金投资基础设施债权投资计划的通知》和《基础设施债权投资计划产品设立指引》,扩大了保险资金投资基础设施债权计划的投资主体、投资比例、投资范围和项目。2012 年保监会陆续出台《境外投资管理暂行办法实施细则》《基础设施债权投资计划管理暂行规定》《关于保险资金投资有关金融产品的通知》《关于保险资产管理公司有关事项的通知》《保险资金参与金融衍生产品交易暂行办法》《保险资金参与股指期货交易规定》《保险资产管理产品暂行办法》《拓宽保险资管范围的通知》《保险机构融资融券管理暂行办法》等相关政策,简称"保险投资新政 13 条"，以拓宽保险资金的投资渠道。

《境外投资管理暂行办法实施细则》中明确规定，保险资金境外投资余额不超过上年末总资产的 15%，对于新兴市场的投资比例，从以前低于上年末总资产的 5% 上调到最新规定的 10%，扩大了保险资金的境外投资额；《基础设施债权投资计划管理暂行规定》进一步放宽基础设施债权投资计划的投资范围、减少对偿债主体的严格限制等。以上文件都为保险资金投资 "一带一路" 沿线基础设施建设项目提供了政策许可。

"一带一路" 沿线地区急需建设其落后的基础设施，但各国政府资金并不足以填补基础设施建设的资金缺口，急需大量外资涌入，因此，为了吸引更多的外来投资者从而提供了许多的优惠政策，中亚各国还颁布了只针对中国投资企业的专项优惠政策，充分体现了对中国投资的重视程度。

中国作为 "一带一路" 倡议的发起国，积极设立各项金融机构，成立 "一带一路" 基础设施建设的专项基金，从政策方面鼓励支持企业进行投资。中国主导创建了金砖银行、亚投行等金融组织来支持 "一带一路" 基础设施等项目的融资，并特别投入 400 亿美元的资金创设丝路基金。国家税务总局发布了中国私人资本进入 "一带一路" 沿线相关国家的税收指南以及其他相关建议，以帮助中国资本、中国企业有选择地进入 "一带一路" 倡议投资项目，更大程度地保护中国居民的资本安全。保险行业也通过法规、办法的颁布推动保险资金 "走出去"，对于保险资金而言，除了自身的资金优势以外，行业支持以及国家政策的支持都为其投资到 "一带一路" 沿线的基础设施建设中起到良好的促进作用。

4.3　构建 "一带一路" 基础设施建设的多层次全方位融资体系

经测算，包括中国在内的 "一带一路" 沿线国家在 2016～2020 年年均基础设施资金需求额将高达 1.6 万亿～2 万亿美元，不包括中国在内的 "一带一路"沿线国家基础设施年均投资额将达到 6200 亿～9600 亿美元，巨大的资金缺口需要从多重渠道筹措资金。从供给端来看，要满足上述多元化需求，需要政策性金融机构、商业性金融机构等多种金融机构广泛参与，从而构建多层次、全方位的"一带一路"金融支持体系。政策性金融机构、商业银行、多边开发性金融机构、专项投资基金及部分国际金融机构均将参与"一带一路"建设。

4.3.1　传统国际金融机构

传统国际金融机构指国际货币基金组织（IMF）、世界银行、亚洲开发银行等，这些机构可为一国或某一地区基础设施建设提供相应融资支持。但 IMF 的贷款主要用于帮助成员解决国际收支问题、稳定并恢复经济及实现经济可持续增长，因此，该组织并不为特定的项目提供融资，因而这方面的融资支持相应力度较小。而世界银行集团则通过国际复兴开发银行贷款支持一些贫困国家和地区开展基础设施建设。相关研究报告显示，世界银行和亚洲开发银行每年对亚洲地区的基础设施建设融资额在 240 亿美元左右。此外，欧洲复兴开发银行和欧洲投资银行等也对欧洲地区基础设施项目提供融资支持。

4.3.2　新兴多边开发性金融机构

目前来看，投资于"一带一路"沿线国家基础设施项目的新兴多边开发性金融机构主要包括亚洲基础设施投资银行和金砖国家开发银行。其中，亚洲基础设施投资银行于 2015 年底正式成立，法定资本为 1000 亿美元，中国初始认缴资本目标为 500 亿美元左右，占法定资本的 50%，成为其最大股东。金砖国家开发银行于 2015 年 7 月正式开业，初始资本为 1000 亿美元，其宗旨除危机时"抱团取暖"、构建金融安全网之外，对成员及相关地区的基础设施投资也是其主要业务方向。该机构可为印度、俄罗斯、南非等"一带一路"沿线国家基础设施融资提供有效渠道。此外，上海合作组织开发银行也可为成员基础设施建设提供部分资金支持。

4.3.3　开发性和政策性金融机构

国家开发银行和中国进出口银行在企业"走出去"过程中发挥着重要作用，为很多境外项目提供融资支持。国家开发银行是我国最大的投融资合作银行和世界上规模最大的开发性金融机构，具有中长期投融资优势。截至2015年6月，国家开发银行已为"一带一路"沿线国家400多个项目提供融资支持，承诺贷款达1567亿美元。中国进出口银行除支持贸易与"两优"贷款业务外，还设立了专门投资基金，主动参与海外项目投资。据估算，我国支持"一带一路"海外投资的开发性资金约为2000亿~3000亿美元。对于政策性金融机构而言，我国支持企业"走出去"的政策性资金主要是财政补贴和"两优"贷款。其中，财政补贴主要起到"杠杆"作用，用于项目的"孵化"和启动。而"两优"贷款旨在以相对较低成本资金协助"走出去"企业控制风险，并帮助受援国发展经济。2014年中国进出口银行批准"两优"贷款项目共计69个，其中援外优惠贷款项目34个，优惠出口买方信贷项目35个，贷款总额为921亿元人民币，贷款利率约为2%。

4.3.4　商业性金融机构

鉴于难以获得我国商业银行海外信贷投放的准确数据，我们仅从中资银行海外分支机构设立情况来加以说明。截至2015年6月，共有11家中资商业银行在"一带一路"沿线国家和地区设立了55家一级分支机构，其中，五大国有银行是中资银行"走出去"的主力军，但境外分支机构的布局规模明显低于主要国际竞争对手。从地域分布来看，中资银行分支机构大多集中在东南亚和西亚地区，在中亚和中东欧地区布局还有很大空间。随着我国商业银行改革的不断深化，其国际化步伐将不断加快，海外布点及投资规模也将逐步扩大。

4.3.5　专项投资基金

丝路基金是按照市场化、国际化、专业化原则设立的中长期开发投资基金。其主要方向是在"一带一路"发展进程中寻求投资商机并提供相应的投融资服务，资金规模为 400 亿美元，首期资本金为 100 亿美元，投资方式包括运用股权、债权、基金、贷款等多种方式提供投融资服务，同时也可与国际开发性金融机构、境内外金融机构等发起设立共同投资基金，进行资产受托管理、对外委托投资等。此外，中国—东盟投资合作基金目标募资额为 100 亿美元，中非发展基金目标规模为 50 亿美元，中国—欧亚经济合作基金 50 亿美元。

第5章

保险资金投资"一带一路"基础设施组合风险度量与绩效评价

"一带一路"沿线基础设施建设无疑是保险行业面临的巨大机遇，保险资金也有其自身在投资"一带一路"基础设施建设项目中的独特优势，保险资金最重要的两个投资原则是安全性与收益性，那么在投资过程中仍必须要考虑的也就是保险资金投资的风险与收益，本章将使用 VaR 模型，先对保险资金投资组合的风险进行测算，进而通过均值——VaR 对保险资金投资于"一带一路"基础设施建设的绩效水平进行实证分析，从定量的角度来论述保险资金投资"一带一路"基础设施建设既是必要的也是可行的。

5.1 VaR 模型与构建

VaR，即在险价值，对保险资金来说，是指投资的单一资产产生一定数额损失的可能性在确定的置信水平下，数学表达式为：

$$\text{Prob}(L > \text{VaR}) = 1 - c = \alpha \tag{5.1}$$

其中，L 表示保险资金投资的可能损失；VaR 表示目标域内发生最多损失的最小可能性概率事件；c 表示置信度；α 表示置信水平。本书选取最为常用

的方差—协方差法，利用保险资金投资组合的收益函数与市场因子间的近似
关系以及市场因子的统计分布（方差—协方差矩阵）来简化 VaR 的计算。

假设初始投资额为 W_0，也就是指保险资金运用余额中单一资产的数额，
单个资产的 VaR 值可以表示为：

$$VaR = W_0 \alpha \sigma \sqrt{\Delta t} \qquad (5.2)$$

其中，α 表示置信水平；σ 表示这一资产收益率的波动性，即这一资产序列
收益率的标准差；Δt 为时间间隔。

保险资金都不是对单一资产进行投资的，都是以多种资产组合的形式进
行投资，从而丰富投资形式，分散投资风险，而各个资产之间也并不是无相
关性，因此，组合 VaR 不能由各个资产简单的算数加和得到。

以 $X = x \cdot W$ 代表保险资金投资组合中各个资产投资金额向量，$\sum$ 代表
协方差矩阵，组合 VaR 可以表示为 $VaR_p = \alpha \sqrt{X' \sum X}$ ，由协方差 $\sigma_{i,j} = \rho_{i,j}$
$\sigma_i \sigma_j$ 可将公式化简，所以投资资产组合的 VaR 可以表示为：

$$VaR_p = \sqrt{V'FV} \qquad (5.3)$$

其中，V 表示投资组合中资产的 VaR 向量；F 表示各资产的相关系数矩阵
$F(\rho_{i,j})_{N \times N}$。

组合投资可以分散投资风险，其中，各项资产之间会相互影响并对组合
VaR 进行影响，把其中一项资产剔除，组合 VaR 值产生的变化即为成分
VaR，记为 $CVaR_i$，组合的方差表示为 $\sigma_p = X \sum X'$，成分 VaR 可以表示为：

$$CVaR_i = X_i \cdot VaR_p \cdot \left[\frac{(\sum X')_i}{X \sum X'} \right] \qquad (5.4)$$

5.2　替代指标的选取与数据处理

保险资金运用余额逐年增长，由银保监会披露的数据得到 2013～2017

年的运用情况，如表5.1所示。

表5.1   **2013～2017年保险资金运用情况**   单位：亿元

年份	银行存款	债券	股票和证券投资基金	其他	资金运用余额总额
2013	22640.98	33375.42	7864.82	12992.19	76873.41
2014	25310.73	35599.71	10325.58	22078.41	93314.43
2015	24349.67	38446.42	16968.99	32030.41	111795.49
2016	24844.21	43050.33	17788.05	48228.08	133910.67
2017	19274.07	51612.89	18353.71	59965.54	149206.21

资料来源：中国银行保险监督管理委员会。

参照《中国保险年鉴》对保险资金运用情况的披露，因2016年和2017年的《中国保险年鉴》未能获取，所以本书选择2015年《中国保险年鉴》中保险资金投资的各项资产比例，具体情况如表5.2所示。

表5.2   **保险资金投资各项资产比例**

运用余额	股票	债券	基金	银行存款	房地产	基础设施	其他
11.2万亿元	7.3%	34.4%	7.9%	21.8%	0.82%	7.6%	27.78%

资料来源：《中国保险年鉴》。

根据表5.2选取股票、债券、基金、银行存款、房地产以及基础设施建设六项投资规模之和作为投资组合的规模，为使各项资产比例加和为100%，对六项资产进行调整，调整之后的情况如表5.3所示。

表5.3   **调整之后的各项资产比例**

运用余额	股票	债券	基金	银行存款	房地产	基础设施
8.84万亿元	9.16%	42.98%	10.07%	27.14%	1.04%	9.61%

资料来源：《中国保险年鉴》数据调整所得。

要对比加入"一带一路"基础设施建设投资前后的风险，模拟加入"一带一路"基础设施建设投资。2014年我国保险资金海外投资额占保险资金总额的1.44%，到2017年海外投资占比达到2.78%，增长的份额多数是对"一带一路"沿线国家的投资，为了计算出直观的结果，因此，模拟加入

1%的"一带一路"基础设施建设投资，对投资组合规模进行调整，使七项投资占比之和为100%，各项资产占比如表5.4所示。

表5.4　　模拟加入"一带一路"基础设施建设后的各项资产比例

运用余额	股票	债券	基金	银行存款	房地产	基础设施	"一带一路"基础设施
8.84 万亿元	9.07%	42.55%	9.96%	26.87%	1.03%	9.52%	1%

资料来源：《中国保险年鉴》数据整理所得。

采用 VaR 模型进行实证分析，需要获得各个资产的收益率，因此，需要给六项资产选取替代指标，在此选取上证指数、上证国债指数、上证基金指数、一年期的 SHIBOR、国房景气指数和上证 180 基础设施分别代表股票、债券、基金、银行存款、房地产以及基础设施建设的市场表现，在模拟加入"一带一路"基础设施建设投资时，选取"一带一路"板块作为代表。由于国房景气指数发布的为月度数据，因而选取的是所有替代指标从 2015 年 6 月到 2018 年 6 月 35 个月末数据。

投资品种的收益率采用对数形式，计算公式如下：

$$r_t = \ln\left(\frac{p_t}{p_{t-1}}\right) \qquad (5.5)$$

对上证指数命名为 stock；对上证国债指数命名为 bond；对上证基金指数命名为 fund；对银行存款命名为 shibor；对房地产命名为 real；对基础设施建设命名 build；对"一带一路"基础设施建设命名为 road，使用 Eviews9 软件进行分析。上述七项资产收益率基本描述统计如表5.5所示。

表5.5　　　　　　　　七项资产收益率序列基本统计

指数	均值	中位数	最大值	最小值	标准差	样本量
stock	-0.007	-0.003	0.111	-0.257	0.070	35
bond	0.003	0.003	0.009	-0.004	0.003	35
fund	-0.001	0.000	0.069	-0.080	0.027	35
shibor	0.007	0.000	0.103	-0.059	0.031	35
real	0.003	0.000	0.069	-0.004	0.011	35
build	-0.010	-0.014	0.149	-0.271	0.060	35
road	0.001	-0.009	0.140	-0.303	0.080	35

5.3　不同投资组合的风险度量

5.3.1　未加入 "一带一路" 基础设施建设投资

在 95% 置信水平下,利用式 (5.1) 计算各资产的 VaR 值,可得:

股票:$VaR = 8.84 \times 0.0916 \times 1.645 \times 0.070 \times 1 = 0.0933$

债券:$8.8 VaR = 4 \times 0.4298 \times 1.645 \times 0.003 \times 1 = 0.0180$

基金:$VaR = 8.84 \times 0.1007 \times 1.645 \times 0.027 \times 1 = 0.0389$

银行存款:$VaR = 8.84 \times 0.2714 \times 1.645 \times 0.031 \times 1 = 0.1237$

房地产:$VaR = 8.84 \times 0.0104 \times 1.645 \times 0.011 \times 1 = 0.0017$

基础设施建设:$VaR = 8.84 \times 0.0961 \times 1.645 \times 0.060 \times 1 = 0.0835$

以股票的 VaR 为例,$VaR = 8.84 \times 0.0916 \times 1.645 \times 0.070 \times 1 = 0.0933$ 意味着在保险资金 8.84 万亿元的投资中,投资股票的比例为 9.16%,当月股票相对于自身资产而言损失不超过 0.0933 万亿元(933 亿元)的可能性是 95%,债券、基金、银行存款、房地产以及基础设施建设五项资产在 95% 可能性下损失分别不超过 180 亿元、389 亿元、1237 亿元、17 亿元和 835 亿元。

接下来计算六项资产收益率的相关系数矩阵,得出结果如表 5.6 所示。

表 5.6　　　　　　　　　六项资产收益率的相关系数矩阵

指数	stock	bond	fund	shibor	real	build
stock	1.000	0.022	0.930	0.083	0.038	0.889
bond	0.022	1.000	0.004	−0.623	−0.204	−0.040
fund	0.930	0.004	1.000	0.056	0.024	0.785
shibor	0.083	−0.623	0.056	1.000	0.518	0.132
real	0.038	−0.204	0.024	0.518	1.000	0.029
build	0.889	−0.040	0.785	0.132	0.029	1.000

由表 5.6 相关系数矩阵，可以计算六项投资组合的 VaR 值：

$$V = \begin{pmatrix} 0.0933 & 0.0180 & 0.0389 & 0.1237 & 0.0017 & 0.0835 \end{pmatrix}$$

$$F = \begin{pmatrix} 0 & 0.022 & 0.930 & 0.083 & 0.038 & 0.889 \\ 0.022 & 1 & 0.004 & -0.623 & -0.204 & -0.040 \\ 0.930 & 0.004 & 1 & 0.056 & 0.024 & 0.785 \\ 0.083 & -0.623 & 0.056 & 1 & 0.518 & 0.132 \\ 0.038 & -0.204 & 0.024 & 0.518 & 1 & 0.029 \\ 0.889 & -0.040 & 0.785 & 0.132 & 0.029 & 1 \end{pmatrix}$$

$$VaR_p = \sqrt{VFV'} = \sqrt{0.0611} = 0.2472$$

投资组合 VaR 值为 0.2472，也就是说当保险资金的运用余额为 8.84 万亿元时，以 9.16% 的股票、42.98% 的债券、10.07% 的基金、27.14% 的银行存款、1.04% 的房地产以及 9.61% 的基础设施建设进行投资，8.84 万亿元在 1 个月之内的损失不会超过 2472 亿元的概率是 95%。

计算保险资产组合的方差为：$\sigma_P = X \sum X' = 2.90E - 04$

利用式（5.4）计算各资产的 CVaR 值可得：

股票：$CVaR = 0.2472 \times 0.0916 \times 1.01E - 03 / 2.90E - 04 = 0.0790$

债券：$CVaR = 0.2472 \times 0.4298 \times (-1.21E - 05) / 2.90E - 04 = -0.0045$

基金：$CVaR = 0.2472 \times 0.1007 \times 3.61E - 04 / 2.90E - 04 = 0.0310$

银行存款：$CVaR = 0.2472 \times 0.2714 \times 2.91E - 04 / 2.90E - 04 = 0.0673$

房地产：$CVaR = 0.2472 \times 0.0104 \times 5.45E - 05 / 2.90E - 04 = 0.0005$

基础设施建设：$CVaR = 0.2472 \times 0.0961 \times 9.02E - 04 / 2.90E - 04 = 0.0739$

由以上计算结果计算各资产的 VaR 贡献率为：$\dfrac{CVaR_i}{VaR_p}$

股票 VaR 贡献率 = 31.95%

债券 VaR 贡献率 = -1.80%

基金 VaR 贡献率 = 12.53%

银行存款 VaR 贡献率 = 27.22%

房地产 VaR 贡献率 = 0.20%

基础设施建设 VaR 贡献率 = 29.90%

投资组合中各资产的投资比例与成分贡献率对比如图 5.1 和表 5.7 所示。

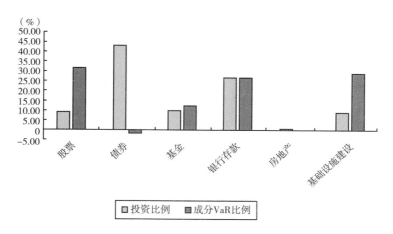

图5.1   六项资产投资比例与 VaR 贡献率对比

表 5.7   六项资产投资比例和成分贡献率对比

项目	股票	债券	基金	银行存款	房地产	基础设施建设
投资比例（%）	9.16	42.98	10.07	27.14	1.04	9.61
VaR 贡献率（%）	31.95	− 1.80	12.53	27.22	0.20	29.90
贡献率/投资比例	3.4880	− 0.0419	1.2443	1.0029	0.1923	3.1113

图 5.1 和表 5.7 中结果清晰显示，保险投资中债券的投资比例最高，其成分贡献率为 − 1.80%，也就是说在投资组合中债券是最安全的投资，可以分散保险资金的投资风险。银行存款的成分贡献率与投资比例相当，股票的 VaR 贡献率远远高于股票的投资比例，如果股票以与银行存款投资比例相当的比例进行投资，成分贡献率将高于同一比例的银行存款，也就是说银行存款的风险要小于股票。基金的投资比例高于股票，而 VaR 贡献率却低于股票，说明基金的风险也低于股票。房地产投资占比和成分 VaR 占比均比较小，基础设施建设的投资比例略高于股票，VaR 的贡献率略低于股票，也就是说，基础设施建设的风险也低于股票。基于上述贡献率/投资比例的结果，

可以看出，投资债券能降低投资组合的风险，银行存款并不是最佳最安全的投资方式，股票的风险较高。六项资产的风险由大到小依次是股票、基础设施建设、基金、银行存款、房地产以及债券。

5.3.2 模拟加入"一带一路"基础设施建设投资

在95%置信水平下，利用式（5.1）计算各资产的 VaR 值，可得：

股票：$VaR = 8.84 \times 0.0907 \times 1.645 \times 0.070 \times 1 = 0.0923$

债券：$VaR = 8.84 \times 0.4255 \times 1.645 \times 0.003 \times 1 = 0.0179$

基金：$VaR = 8.84 \times 0.0996 \times 1.645 \times 0.027 \times 1 = 0.0391$

银行存款：$VaR = 8.84 \times 0.2687 \times 1.645 \times 0.031 \times 1 = 0.1225$

房地产：$VaR = 8.84 \times 0.0103 \times 1.645 \times 0.011 \times 1 = 0.0017$

基础设施建设：$VaR = 8.84 \times 0.0952 \times 1.645 \times 0.060 \times 1 = 0.0827$

"一带一路"基础设施建设：$VaR = 8.84 \times 0.0100 \times 1.645 \times 0.080 \times 1 = 0.0116$

以上 VaR 表明股票、债券、基金、银行存款、房地产、基础设施建设以及"一带一路"基础设施建设七项资产在95%的可能性下损失分别不会超过923亿元、179亿元、391亿元、1225亿元、17亿元、827亿元和116亿元。

再由 Eviews 软件计算七项资产收益率的相关系数矩阵，得出结果如表5.8所示。

表5.8 七项资产收益率的相关系数

项目	stock	bond	fund	shibor	real	build	road
stock	1.000	0.022	0.930	0.083	0.038	0.889	0.650
bond	0.022	1.000	0.004	-0.623	-0.204	-0.040	-0.051
fund	0.930	0.004	1.000	0.056	0.024	0.785	0.642
shibor	0.083	-0.623	0.056	1.000	0.518	0.132	0.140
real	0.038	-0.204	0.024	0.518	1.000	0.029	0.064
build	0.889	-0.040	0.785	0.132	0.029	1.000	0.642
road	0.650	-0.051	0.642	0.140	0.064	0.642	1.000

由表 5.8 相关系数矩阵，可以计算七项投资组合的 VaR 值：

$$V = (0.0923 \quad 0.0179 \quad 0.0391 \quad 0.1225 \quad 0.0017 \quad 0.0827 \quad 0.0116)$$

$$F = \begin{pmatrix} 1 & 0.022 & 0.930 & 0.083 & 0.038 & 0.889 & 0.650 \\ 0.022 & 1 & 0.004 & -0.623 & -0.204 & -0.040 & -0.051 \\ 0.930 & 0.004 & 1 & 0.056 & 0.024 & 0.785 & 0.642 \\ 0.083 & -0.623 & 0.056 & 1 & 0.518 & 0.132 & 0.140 \\ 0.038 & -0.204 & 0.024 & 0.518 & 1 & 0.029 & 0.064 \\ 0.889 & -0.040 & 0.785 & 0.132 & 0.029 & 1 & 0.642 \\ 0.650 & -0.051 & 0.642 & 0.140 & 0.064 & 0.642 & 1 \end{pmatrix}$$

$$VaR_p = \sqrt{VFV'} = \sqrt{0.0609} = 0.2469$$

模拟加入"一带一路"基础设施建设之后，投资组合的 VaR 值为 0.2469，其含义即为，当保险资金投资总额为 8.84 万亿元时，在一定的投资比例之下，保险资金投资在一个月之内的损失不会超过 2469 亿元的概率是 95%。与模拟加入"一带一路"基础设施建设之前相比，损失降低了大约 2 亿元。

由于"一带一路"倡议是重大发展倡议，"一带一路"板块始于 2015 年 6 月 16 日，数据量较小，因而组合 VaR 值变化并不明显。

接下来计算保险资产组合的方差为：

$$\sigma_P = X \sum X' = \mathbf{3.03E - 04}$$

利用式（5.4）计算各资产的 CVaR 值可得：

股票：$CVaR = 0.2469 \times 0.0907 \times 1.02E - 03 / 3.03E - 04 = 0.0758$

债券：$CVaR = 0.2469 \times 0.4255 \times (-1.20E - 05) / 3.03E - 04 = -0.0042$

基金：$CVaR = 0.2469 \times 0.0996 \times 3.74E - 04 / 3.03E - 04 = 0.0304$

银行存款：$CVaR = 0.2469 \times 0.2687 \times 2.91E - 04 / 3.03E - 04 = 0.0638$

房地产：$CVaR = 0.2469 \times 0.0103 \times 5.45E - 05 / 3.03E - 04 = 0.0005$

基础设施建设：$CVaR = 0.2469 \times 0.0952 \times 9.39E - 04 / 3.03E - 04 = 0.0729$

"一带一路"基础设施建设：

$$CVaR = 0.0609 \times 0.0100 \times 9.66E - 04 / 3.03E - 04 = 0.0077$$

计算各成分 VaR 贡献率为：$\dfrac{CVaR_i}{VaR_p}$

股票 VaR 贡献率 = 30.69%

债券 VaR 贡献率 = −1.68%

基金 VaR 贡献率 = 12.30%

银行存款 VaR 贡献率 = 25.84%

房地产 VaR 贡献率 = 0.19%

基础设施建设 VaR 贡献率 = 29.53%

"一带一路" 基础设施建设 VaR 贡献率 = 3.13%

七项资产的投资组合中投资比例和成分贡献率的对比如图 5.2 和表 5.9 所示。

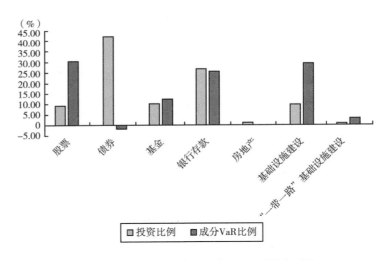

图5.2　七项资产投资比例与 VaR 贡献率对比

表5.9　　　　　　　　　　七项资产投资比例和成分贡献率对比

项目	股票	债券	基金	银行存款	房地产	基础设施建设	"一带一路"基础设施建设
投资比例（%）	9.07	42.55	9.96	26.87	1.03	9.52	1.00
VaR 贡献率（%）	30.69	−1.68	12.30	25.84	0.19	29.53	3.13
贡献率/投资比例	3.3837	−0.0395	1.2349	0.9617	0.1845	3.1019	3.13

从以上结果可以看出,在模拟加入"一带一路"基础设施建设之后,债券依然是投资组合中最为安全的投资,能分散风险,最为安全,银行存款与基金的风险依旧低于股票的风险,房地产的投资比例与成分贡献率都较低。由贡献率/投资比例可以得出结果,七项资产风险由大及小的排序是股票、"一带一路"基础设施建设、基础设施建设、基金、银行存款、房地产以及债券。对比基础设施和"一带一路"基础设施建设占比和成分 VaR 贡献比例可以发现,如果将"一带一路"基础设施建设占比和成分 VaR 均提高9.52 倍之后,"一带一路"基础设施建设占比为9.52%,成分 VaR 占比则为29.7976%,大于基础设施的成分 VaR 占比。因为"一带一路"沿线国家自身条件的特殊性,对"一带一路"沿线国家进行基础设施建设投资的风险自然就会高于对国内基础设施建设进行投资的风险。而"一带一路"沿线基础设施建设投资在较小的投资比例之下,VaR 贡献率也不会很高,也就是说,VaR 贡献率的大小会受资产投资比例的影响。

5.3.3 实证结论

模拟加入"一带一路"基础设施建设之前,组合 VaR 为 0.2472,模拟加入"一带一路"基础设施建设之后,组合 VaR 为 0.2469,由于"一带一路"倡议是重大发展倡议,"一带一路"板块开始于 2015 年 6 月 16 日,数据量较小,因而组合 VaR 值变化并不明显。但是由此依然可以看出,模拟加入"一带一路"基础设施建设之后,在 95% 的置信水平上,保险资金可能损失的数额小于模拟加入之前,也就是说,如果保险资金加入"一带一路"基础设施建设这一投资,会在一定程度上降低保险资金的投资风险,也就是说,保险资金可以适当地对"一带一路"基础设施建设进行投资。

对比模拟加入"一带一路"沿线基础设施建设前后的 VaR 贡献率也可以发现,与模拟加入"一带一路"沿线基础设施建设之前相比,模拟加入之后各项资产的 VaR 贡献率都有细小的降低,也就是表明,多增加一项投资资产，对保险资金来说是丰富了投资产品，从而分散投资风险。

因此，由本书实证分析可得以下结论：第一，保险资金投资"一带一路"基础设施建设可以一定程度上降低资产投资组合的风险，因而具有一定的可行性；第二，投资于"一带一路"基础设施建设也具有风险，因而保险公司应该针对投资"一带一路"基础设施建设作出具体的风险管理工作。

5.4　保险资金投资的绩效评价——均值—VaR 模型

保险公司在用保险资金进行投资的时候不仅需要考虑投资的风险，还需要考虑保险资金的使用绩效，下面就是在 VaR 的基础上使用各项资产的收益率数据建立均值—VaR 模型。均值—VaR 可以看作马科维茨模型的根源，那么对马科维茨模型进行调整即可得到均值—VaR 模型，也就是马科维茨模型中的目标函数 $\min \sigma_p^2$ 也就等价 $\min VaR_p$。

下面使用以上七项资产（模拟加入"一带一路"基础设施建设的投资组合资产）的收益率数据建立均值—VaR 模型，通过规划求解计算收益率不低于原投资组合的情况下组合 VaR 值最小的七项资产投资结构以及组合 VaR 值不超过原投资组合的情况下收益率最大的七项资产投资结构。

采用七项资产投资组合，使它们的投资比例之和为 1，第 i 项资产投资比例为 x_i（$x_1, x_2, x_3, x_4, x_5, x_6, x_7$ 分别代表的是股票、债券、基金、银行存款、房地产、基础设施建设以及"一带一路"基础设施建设的投资比例），投资比例记为 X，则有：

$$X_1 = (x_1 \quad x_2 \quad x_3 \quad x_4 \quad x_5 \quad x_6 \quad x_7)$$

对七项资产的收益率进行计算得出七项资产收益率的方差协方差矩阵，如表 5.10 所示。

表 5. 10　　　　　　　　　　七项资产收益率的方差协方差矩阵

项目	r1	r2	r3	r4	r5	r6	r7
r1	0. 00490	0. 00000	0. 00154	0. 00016	0. 00003	0. 00375	0. 00233
r2	0. 00000	0. 00001	0. 00000	− 0. 00006	− 0. 00001	− 0. 00001	0. 00000
r3	0. 00154	0. 00000	0. 00071	0. 00005	0. 00001	0. 00141	0. 00163
r4	0. 00016	− 0. 00006	0. 00005	0. 00098	0. 00019	0. 00028	0. 00032
r5	0. 00003	− 0. 00001	0. 0001	0. 00019	0. 00013	0. 00002	0. 00005
r6	0. 00375	− 0. 00001	0. 00141	0. 00028	0. 00002	0. 00357	0. 00465
r7	0. 00233	0. 00000	0. 00163	0. 00032	0. 00005	0. 00465	0. 00433

七项资产投资组合的方差为：

$$\sigma^2 = X_1 \sum X_1^{\mathrm{T}}$$

5.4.1　收益率水平一定，组合最小 VaR 值

第一个情况使保险资金在投资收益率不低于一定水平下求最小组合 VaR 值，由七项资产的原始投资比例和平均收益率计算原始投资组合的加权收益率。

七项资产的原始投资比例为：

$$X_0 = (9.07\% \quad 42.55\% \quad 9.96\% \quad 26.87\% \quad 1.03\% \quad 9.52\% \quad 1.00\%)$$

平均收益率为：

$$R = (-0.007 \quad 0.003 \quad -0.001 \quad 0.007 \quad 0.003 \quad -0.013 \quad 0.001)$$

由此得出原有投资组合的加权收益率为：

$$r_0 = X_0 R^{\mathrm{T}} = 0.001512$$

再以投资比例为权重得到新投资组合的加权收益率为：

$$r_1 = X_1 R^{\mathrm{T}}$$

对此设立规划方程，即设定新的保险资金投资组合 X_1，使投资组合的加

权收益率不低于原来的加权收益率 0.001512，再让新的投资组合的方差最小，即 $\min: \sigma^2 = X_1 \sum X_1^T$，最终在以下条件下设约束方程：一是新投资组合的加权收益率不低于原投资组合的加权收益率；二是新投资组合的投资比例之和为 1；三是每种资产投资比例不低于 0。

因此，约束方程为：

$$r = X_1 R^T \geqslant X_0 R^T = 0.001512$$

$$\text{Sum}(x_1 \quad x_2 \quad x_3 \quad x_4 \quad x_5 \quad x_6 \quad x_7) = 1$$

$$x_i \geqslant 0, i = 1,2,3,4,5,6,7$$

利用 Excel，求解投资比例结果为：

$$X_1 = (5\% \quad 68\% \quad 10\% \quad 10\% \quad 1\% \quad 1\% \quad 5\%)$$

在 95% 置信水平上，得到新投资组合的 VaR 为：

$$\mathbf{VaR} = \alpha W \sqrt{X_1 \sum X_1^T} = \mathbf{1.645 \times 8.84 \times \sqrt{0.000098}} = \mathbf{0.1437}$$

也就是说，在控制新投资组合收益率不低于原投资组合收益率的情况下，新投资组合下的组合 VaR 为 0.1437，小于原投资组合的组合 VaR 值（0.2469）。

5.4.2 VaR 值一定，收益率最大水平

第二种情况使保险资金投资组合的 VaR 值不超过一定水平情况下求最大收益率，还是由七项资产的原始投资比例和平均收益率计算原始投资组合的加权收益率。

七项原始投资比例为：

$$X_0 = (9.07\% \quad 42.55\% \quad 9.96\% \quad 26.87\% \quad 1.03\% \quad 9.52\% \quad 1.00\%)$$

平均收益率为：

$$R = (-0.007 \quad 0.003 \quad -0.001 \quad 0.007 \quad 0.003 \quad -0.013 \quad 0.001)$$

原有投资组合加权收益率为：

$$r_0 = X_0 R^T = 0.001512$$

再以投资比例为权重得到新投资组合加的权收益率为：

$$r_2 = X_2 R^T$$

对此设立规划方程，即设定新的保险资金投资组合 X_2，使投资组合的加权收益率不低于原来的加权收益率 0.001512，再让新的投资组合的加权收益率最大，即 max：$r_2 = X_2 R^T$，最终在以下条件下设约束方程：一是新投资组合的方差最小；二是新投资组合的投资比例之和为 1；三是每种资产投资比例不低于 0。

因此，约束方程为：

$$\mathbf{VaR} = \mathbf{8.84} \times \mathbf{1.645} \times \sqrt{X_1 \sum X_1^T} \leqslant \mathbf{0.2469}$$

$$\mathrm{Sum}(\, x_1 \quad x_2 \quad x_3 \quad x_4 \quad x_5 \quad x_6 \quad x_7 \,) = 1$$

$$x_i \geqslant 0, i = 1,2,3,4,5,6,7$$

利用 Excel，求解投资比例结果为：

$$X_2 = (5\% \quad 50\% \quad 10\% \quad 28\% \quad 1\% \quad 1\% \quad 5\%)$$

由此得到新投资组合的加权收益率为：

$$r_2 = X_2 R^T = 0.00299$$

结果就是说，在控制新投资组合 VaR 值不高于原投资组合 VaR 值的情况下，新投资组合的收益率 0.00299，大于原投资组合的 0.001512。

5.4.3　实证结论

以上两种方式，都是以模拟加入"一带一路"基础设施建设的投资组合为基础进行投资资产占比的优化，一种是在收益率不低于固定水平的情况下，求得保险资金投资组合的最小 VaR 值，以使投资组合风险最小；另一种是在组合风险不超过一定水平的情况下，求得保险资金的最大收益率。

当固定收益率不低于原投资组合的加权平均收益率 0.001512 时，利用规划求解求得新投资组合的资产比例为 $X_1 =$（5%　68%　10%　10%　1%　1%　5%），当投资组合各资产占比为此占比时，新投资组合的组合 VaR 值为 0.1437，小于原投资组合的组合 VaR 值 0.2469。新投资组合的收益率水平不低于原投资组合的收益率水平，组合风险小于原投资组合，此时的投资组合中"一带一路"基础设施建设投资占比达到 5%，高于原投资组合的 1%。这也就是说，加大"一带一路"基础设施建设的投资可以在保持一定水平收益率的同时降低投资风险，"一带一路"基础设施建设项目的投资起到一定的分散风险作用。

当固定风险水平不超过原投资组合的组合 VaR 值 0.2469 时，规划求解求得新投资组合的资产比例为 $X_2 =$（5%　50%　10%　28%　1%　1%　5%），当投资组合各资产占比为此占比时，新投资组合下的最大加权收益率为 0.0029，大于原投资组合的 0.001512。新投资组合的风险水平不超过原投资组合的风险水平，收益率水平高于原投资组合，此时的新投资组合中"一带一路"基础设施建设达到 5%。高于原投资组合的 1%。这也就是说，加大"一带一路"基础设施建设的投资可以在控制一定风险水平的同时提高保险资金的投资收益率。

第 6 章

保险资金资产配置优化实证分析
——基于"一带一路"视角

通过对我国保险资金资产配置的现状分析和国外保险市场发达国家的资产配置经验的借鉴，发现我国保险资金资产配置存在配置比例不合理和渠道较少的问题。本章基于存在的问题，对保险资金资产配置优化进行实证研究。选取马科维茨经典资产配置模型"均值—方差"为实证基础，选取上海银行同业间拆放利率（Shibor）、上证基金、上证国债、上证综合等指数作为保险资金资产配置项目的替代指数对保险资金资产配置的比例和渠道两个方面进行优化分析，再根据 CAPM 理论从资产配置的比例优化和渠道优化中分别选取最优的资产配置方式，从而达到优化保险资金资产配置的目的。

6.1 模型的选择

马科维茨资产组合模型的基本假设为：

（1）理性投资者在规避投资风险的同时希望投资收益可以最大化。

（2）理性投资者会根据收益率的期望值和方差来选择资产进行组合。

（3）所有投资者处于同一单期投资期中。

在马科维茨投资组合模型中，所有资产进行组合的收益率由单项资产投资预期收益率进行加权平均来表示；风险由各类资产收益之间的协方差表示。马科维茨模型为：

$$
\begin{cases}
\min \delta^2(r_p) = \sum \sum w_i w_j \, cov(r_i, r_j) \\
\max E(r_p) = \sum w_i r_i
\end{cases}
\tag{6.1}
$$

其中：$E(r_p)$ 为投资组合均值，代表着投资组合收益；r_i, r_j 为组合中第 i 种、第 j 种资产的收益；w_i, w_j 为第 i 中、第 j 种资产在组合中的权重；$\delta^2(r_p)$ 为投资组合方差，代表着投资组合风险；$cov(r_i, r_j)$ 为两种资产的协方差。

马科维茨的均值—方差模型是以资产配置比例为变量进行投资组合的问题，均值—方差模型采用拉格朗日函数进行计算，在约束条件的前提下求得组合风险 $\delta^2(r_p)$ 最小时的最优资产配置比例。用经济学的知识对该模型进行解释，就是说投资者进行投资前都会有一个预期投资收益，然后通过 $E(r_p) = \sum w_i r_i$ 确定不同资产的投资组合下各个资产项目的占比情况，为了使投资组合风险尽可能达到最小值，所以在不同的期望收益下，可以选出投资组合方差最小的值来构成最小方差投资组合，也就是有效投资组合。有效投资组合的均值（收益率）和对应最小方差（方差）之间具有一定的线性关系，这些对应的点构成的曲线就是投资组合的有效边界。投资者可以根据自身的预期投资收益目标和风险偏好，在有效边界上选择适合自己的最优投资组合。同样也可以构建在一定的风险水平下，具有最高均值（收益率）的投资组合。另外，均值—方差模型为实现更好的资产配置提供了最优化组合的理论，这种最优化理论被广泛地应用于各类资金资产配置中。该优化组合理论的基本思路是：

（1）投资者根据自身的需求和偏好确定投资组合中资产类型。

（2）分析这些资产在持有期间获得的预期收益和所需承担的风险。

（3）建立可供选择的资产有效集。

（4）结合具体的资产项目目标，最终确定最优资产配置组合，实现预期投资目标。

6.2　约束条件设定及样本选取

6.2.1　约束条件设定

现今我国保险资金资产配置可选择银行存款、债券、股票、证券投资基金、基础设施建设等，或建立保险私募基金。银保监会对我国保险公司投资资产组合作出了相应约束，具体约束条件如下。

（1）银行存款等流动性资产的配置比例不得少于保险资金总金额的 5%。

（2）国债等固定收益类资产的配置比例不得少于保险资金总金额的 5%。

（3）公司（企业）债、股权类等权益类资产的配置比例不得超过保险资金总金额的 30%。

（4）房地产类、基础设施类等不动产的配置比例不得超过保险资金总金额的 30%。

（5）其他金融资产的配置比例不得超过保险资金总额的 25%。

（6）海外资产配置比例不得超过保险资金总金额的 15%。

本书通过对以上规定、近几年相关文件以及我国保险资金投资的实际情况进行分析，将我国保险公司资金配置资产分为无风险资产、风险型资产、金融市场类资产和基础设施类资产。由于不考虑通货膨胀的影响，银行存款利率、国债收益率相对固定，因此，无风险资产包括银行存款和国债，对于无风险资产投资比例不得低于企业总资产的 5%；风险资产主要以收益相对较高且与市场环境、政策等息息相关的企业债券为主，对于风险债券投资，其比例不得大于保险总资产的 50%；金融市场类资产包括股票、证券投资基金等，因为金融市场的波动性较大且存在较大风险，因此，我国保险资金配置于股票、基金等资产项目的约束条件较为严格，规定保险资金对于股票、证券投资基金等金融产品的配置不得超过总资产的30%；一直以来，我国保险资金在通过不同方式对基础设施建设领域进行投资，近年来，国家逐步放宽相关监管，为保险资金进入该领域提供了更多渠道，但由于对基础设施领域投资仍处于尝试阶段，因而国家对于保险资金进入基础设施建设相关项目的投资规定仍相对保守，规定其比率不应高于保险公司总资产的10%。

本书以银行存款和国债代表无风险资产，企业债券代表风险债券，现假设 $r_1, r_2, r_3, r_4, r_5, r_6$ 分别表示银行存款、国债、企债、股票、证券投资基金以及基础设施建设的收益率；$w_1, w_2, w_3, w_4, w_5, w_6$ 分别表示银行存款、国债、企债、股票、证券投资基金、基础设施建设的资金配置比例。结合银保监会关于各项投资规定比例及中国银保监会公布的我国保险资金各项投资实际比例，本书通过保险资金对可投资资产的总结、归纳和分类，对不同类型可投资资产按国家相关规定设置限制条件，具体限制如下：

$$0.05 \leqslant w_1 \leqslant 1$$
$$0.05 \leqslant w_2 \leqslant 1$$
$$w_3 \leqslant 0.3$$
$$(w_4 + w_5) \leqslant 0.3$$
$$w_6 \leqslant 0.1$$

6.2.2　样本的选择

通过对以往文献的研究发现，保险资金投资项目为银行存款、债券、股票和证券投资基金以及基础设施建设，这些项目基本可以反映我国保险市场投资情况；同时在样本数据选取上，多采用沪深两市及中证相关指数作为样本数据来源；一方面由于我国保险机构统计数据指标变化情况相对较大，对于固定样本指标的选取在保证数据量和实效性上均存在困难；另一方面在于我国保险公司资金对于债券、股票、基金甚至基地建设投资多以金融市场为渠道，因此，金融市场相关数据在保险资金投资方面具有一定代表性。

通过选取四大类投资渠道中有代表性的统计数据来构建保险资金投资组合模型，采用经典马科维茨资产组合模型，对我国保险资金投资组合的收益及风险进行分析。保险资金投资项目的数据选取如表6.1所示。

表6.1 保险资金投资渠道及相关比重

投资渠道	具体分类	样本	规定投资比例
无风险资产投资	银行存款	Shibor 数据	不低于5%
	国债	上证国债	不低于5%
风险债券投资	企业风险债券	上证企债	不高于30%
金融市场投资	股票投资	上证综指	不高于30%
	证券投资基金投资	上证基金	
基础设施建设	基建类证券	上证180基建	不高于10%

银行存款：以Shibor为数据源，Shibor是人民币同业拆放利率的算术平均数，由信用等级较高的银行组成报价团自主报价得出，属于单利、无担保、批发性质的利率。本书选取2014年1月1日到2018年1月1日的Shibor数据代表保险资金投资银行存款相关数据。

债券：将债券投资分为国债投资和企债投资两类，由于国债、企债产品的多样性，若单一产品作为国债或企债指标则缺乏代表性，因而本书分别选取上海证券交易所编制的上证国债指数和上证企债指数作为保险资金投资国债和企债的替代，时间区间与银行存款选取的数据时间相一致。

股票：选取上证综合指数作为数据源。上证综合指数能够反映股票市场的变动情况，可作为保险公司进行股票投资的良好参考。

基金：选取上证基金指数作为处理对象。它能够反映上海证券交易所投资基金的基本变动情况，作为我国保险企业基金投资的衡量指标具有一定代表性。

基础设施建设：由于我国保险行业投资基础设施建设时间较短，相关数据可获得性较差，对于保险资金投资基础设施建设的收益状况记录较少且时间间隔较长,因此,本书选取上海证券交易所编制的上证 180 基建指数作为替代指标衡量保险资金对基础设施建设的投资收益及风险状况。

本书选取上海银行同业间拆放利率相关数据来源于 Shibor 官网(http://www.shibor.org/);其他上证相关指数来源于锐思数据库、国泰安数据库、EPS 数据库等;保险资金分类投资比率来源于中国银保监会相关规定。

6.3   最优资产配置模型的构建

本书采用传统马科维茨资产配置理论及模型对我国保险资金投资情况进行研究,主要从两个方面进行,一方面在给定现有保险资金资产配置渠道的条件下,按照保险资金投资类型及相关规定对我国保险资金各渠道投资比例进行优化研究;另一方面适当放宽投资渠道,将"一带一路"基础设施建设投资纳入我国保险资金可投资领域,选取相关样本数据,利用马科维茨资产配置模型,确定其投资比例、收益及风险,从而实现对保险资金资产配置渠道的优化。

6.3.1   保险资金资产配置比例优化

根据样本数据,可得我国保险资金投资日均期望(收益率),如表 6.2 所示。

表 6.2   **我国保险资金投资的日均收益率**   ($*1.0e-003$)

$E(r_i)$	银行存款	国债	企债	股票	基金	基建
日收益率	0.1127	0.1459	0.2549	0.5579	0.5261	0.7288

资料来源:根据样本数据计算得出。

经计算得到各项资产类别的协方差,如表 6.3 所示。

表 6.3　　　　　　　我国保险资金投资资产的协方差 （ ∗ 1.0e − 003）

项目	银行存款	国债	企债	股票	基金	基建
银行存款	0.0000					
国债	0	0.0002				
企债	0	0	0.0001			
股票	0	0.0004	0.0004	0.239		
基金	0	0.0002	0.0003	0.1501	0.1147	
基建	0	0.0005	0.0004	0.2535	0.162	0.3609

资料来源：根据样本数据计算得出。

　　根据资产配置理论中消费者选择投资组合的基本原则，对本书所用马科维茨模型设定 20 个点的有效边界，由同时满足"收益一定而风险最小和风险一定而收益最大"这两项要求的投资组合构成该有效边界，经过计算，我国保险资金投资组合的有效边界如图 6.1 所示。

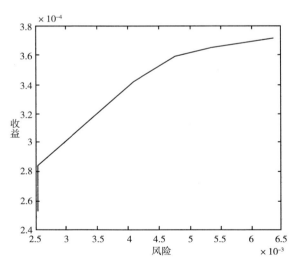

图 6.1　传统投资组合有效边界

　　对有效边界上最优配置的 20 个投资组合日均收益率及风险进行年化处理，所得年化收益率、年化风险、各投资类别投资权重如表 6.4 所示。

表 6.4　　　　　　　　　　基于马科维茨模型的传统投资组合　　　　　　　单位：%

年化收益	年化风险	银行存款	国债	企债	股票	基金	基建
2.86	0.32	93	5	1	0	0	1
3.18	0.32	84.23	5	9.77	0	0	1
3.51	0.32	75.46	5	18.54	0	0	1
3.83	0.32	66.69	5	27.31	0	0	1
4.15	0.32	37.92	31.08	30	0	0	1
4.45	0.47	5	63.59	30	0	0.41	1
4.79	0.63	5	60.31	30	0	3.69	1
5.11	1.11	5	57.03	30	0	6.97	1
5.43	1.58	5	53.81	30	0	10.09	1.1
5.76	2.21	5	50.71	30	0	12.84	1.44
6.08	2.84	5	47.62	30	0	15.59	1.79
6.39	3.48	5	44.52	30	0	18.35	2.13
6.72	3.95	5	41.43	30	0	21.1	2.47
7.04	4.59	5	38.33	30	0	23.85	2.82
7.36	5.22	5	35.24	30	0	26.6	3.16
7.69	5.85	5	32.14	30	0	29.35	3.5
8.01	6.48	5	29.78	30	0	30	5.22
8.33	6.96	5	27.64	30	0	30	7.36
8.65	7.59	5	25.5	30	0	30	9.5
8.97	10.12	5	25	30	30	0	10

由表 6.4 可以看出，20 个有效投资组合中有 15 个投资组合的年收益率均高于现阶段我国保险资金 4.3% 的实际投资收益率，理论组合中各投资项目资产配置比例也与现实保险资金资产配置存在一定差异。无风险资产配置方面，基于马科维茨模型确定的 20 个有效边界确定的投资组合中，银行存款基本处于最低投资比率，而国债投资比率相对较高，原因在于相较于国债收益，近年来银行存款利率相对较低，在收益性方面逊于国债投资。

风险债券配置方面，在保证风险固定时收益最大化与收益固定时风险最小化的 20 个马科维茨资产配置结果中，企业债券投资在绝大部分情况下都达到最大投资比例，为 30%，从收益性考虑，企业债券受利率影响较大且风险较高，其投资收益率高于银行存款与国债利率；而风险性方面，企债的风险虽大于国债这种无风险债券，但与股票等其他金融产品相比企债的风险相对较低，因此，与无风险资产及其他金融产品相比，企业债券投资收益风险相对适中。

金融市场类配置方面，股票市场投资比率在绝大部分理论结果中都为0，其主要原因在于近年来受宏观经济因素影响，我国股票市场波动较大，投资风险增加，基于风险控制要求保险资金投资组合对于股票的投资需求下降；证券基金由于风险相对分散、收益率虽低于股票投资收益，在理论投资组合中的投资比例相对较高。而对于追求高收益的投资方，马科维茨理论结果中给出最高的股票市场投资比率，此时收益与风险均高于其他19个最优理论结果。

基础设施建设配置方面，在20个有效配置结果中，基建投资比率与风险及收益呈正相关，即基建投资占比的上升同时伴随着收益和风险的增加，主要原因在于基础设施建设周期较长，在短期内保险资金投资收益无法得到有效表现，同时我国保险资金对于基础设施建设投资起步较晚，相关监管和规定虽有出台，但与实际投资、收益状况存在一定滞后性，因而导致基础设施建设领域投资存在一定风险。

综上所述，运用马科维茨模型对我国保险行业现行投资组合中各投资项目占比进行调整后可以看出，通过减少股票等风险投资项目的配置比例，对风险适中、收益适中的投资项目增加配置比例可以有效提高我国保险行业的投资收益，同时15个理论收益分析结果均高于现阶段我国保险企业投资收益，也说明目前我国保险资金资产配置中各项资产的占比并未实现最优化，各类资产配置比例仍存在调整空间。

6.3.2 保险资金资产配置渠道优化

自2013年我国正式提出"一带一路"倡议以来，保险行业积极响应国家号召，对"一带一路"沿线国家基础设施、能源、交通等领域展开多项投资, 投资规模逐年扩大。然而由于针对 "一带一路" 基础设施建设的投资开始较晚, 投资相关数据在统计方面存在不足且可获得性差, 而且我国保险行业对 "一带一路" 基础设施建设的投资大部分是通过股权、债券、基金等方式进行投资, 因此, 本书采用上海证券交易所编制的沪新丝路指数作为保险行业投资 "一带一路" 基础设施建设的替代指标, 选取 2014 年 1 月 1 日至 2018 年 1 月 1 日的相关数据, 与传统投资中的基础设施建设项目进行加权平均, 作为保险资金投资 "一带一路" 基础设施建设的替代指标。

通过对沪新丝路指数与基础设施建设指数的加权平均, 投资组合各资产类别的日均收益率如表 6.5 所示。

表 6.5 新组合资产日均收益率 ($*1.0e-003$)

E (r_i)	银行存款	国债	企债	股票	基金	新基建
日收益率	0.1127	0.1459	0.2549	0.5579	0.5261	0.8408

资料来源: 根据样本数据计算得出。

从日均收益率方面来看, 将 "一带一路" 基础设施建设渠道纳入现有基建投资渠道后, 基建方面收益率较表 5.1 所示日均收益结果有较大提升, 一定程度说明对于 "一带一路" 基建领域的投资, 能够为我国保险企业带来更大收益。

经计算, 得到包括 "一带一路" 基建项目的各投资项目的协方差如表 6.6 所示。

表 6.6 新组合协方差 ($*1.0e-003$)

项目	银行存款	国债	企债	股票	基金	新基建
银行存款	0					
国债	0	0.0002				
企债	0	0	0.0001			
股票	0	0.0004	0.0004	0.239		
基金	0	0.0002	0.0003	0.1501	0.1147	
新基建	0	0.0004	0.0003	0.2692	0.1727	0.3694

资料来源: 根据样本数据计算得出。

基于经典均值—方差模型的新投资组合有效边界示意如图6.2所示。

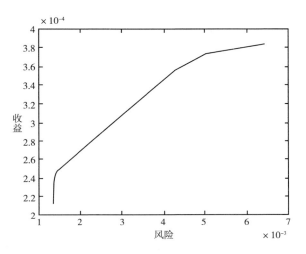

图6.2　新资产组合有效边界

由马科维茨均值—方差模型运算所得的有效边界上20个最优资产配置权重如表6.7所示。

表6.7　　　　　　　　　　　　**基于马科维茨模型的新资产组合配置**　　　　　　单位：%

年化收益	年化风险	银行存款	国债	企债	股票	基金	基建
2.86	0.32	93	5	1	0	0	1
3.23	0.32	83.05	5	10.95	0	0	1
3.59	0.32	73.1	5	20.9	0	0	1
3.96	0.32	63.15	5	30.85	0	0	1
4.32	0.47	53.2	5	40.8	0	0	1
4.69	0.63	40.78	8.22	50	0	0	1
5.05	0.95	5	43.4	50	0	0.6	1
5.42	1.58	5	40.42	50	0	2.68	1.9
5.78	2.06	5	37.64	50	0	4.33	3.03
6.15	2.53	5	34.86	50	0	5.98	4.16
6.51	3.16	5	32.07	50	0	7.63	5.3
6.88	3.64	5	29.29	50	0	9.28	6.43
7.24	4.27	5	26.51	50	0	10.93	7.56

年化收益	年化风险	银行存款	国债	企债	股票	基金	基建
7.61	4.74	5	23.73	50	0	12.58	8.69
7.97	5.38	5	20.94	50	0	14.23	9.82
8.34	5.85	5	17.37	50	0	17.63	10
8.70	6.48	5	13.65	50	0	21.35	10
9.07	6.96	5	9.93	50	0	25.07	10
9.43	7.59	5	6.21	50	0	28.79	10
9.80	10.12	5	5	50	30	0	10

由表 6.7 可以看出，将"一带一路"基础设施建设纳入基础建设类投资中，较表 6.4 所示结果来看，马科维茨模型确定所确定 20 个有效边界处的年化收益和年化风险情况有所上升，而是年化收益上升幅度明显大于风险上升水平。

从各类资产投资比率来看，将"一带一路"基建项目代入投资项目后，银行存款在绝大部分最优结果中处于最低投资水平，国债投资比例较纳入"一带一路"基建投资前有较大幅度下降，原因在于银行存款和国债等无风险资产虽具有相当高的安全性，而对于以收益为目的的投资活动来说，所带来的收益相对较小，因此，在理论保险资金资产配置优化分析中，除遵守国家相关规定和保持一部分资金安全性的前提提下，对于无风险资产投资比例较低。

现阶段，我国保险企业对于"一带一路"投资除对相关基础设施建设项目直接投资外，对于"一带一路"参与企业投资也是重要投资渠道，因此，在新的投资组合中，企业债券投资比例得到提升，在理论分析结果中，风险虽有所上升，而企业债券投资比例的上升也带来了一定程度的收益增长，且表 6.4 和表 6.7 所示的分析结果也从侧面反映出，我国企业债券风险相对较小，具有一定收益性，是投资活动的重要选择之一。

金融市场投资方面，从表 6.7 中可以看出，根据马科维茨资产投资理论中风险性和收益性限制，理论中股票市场基本不再作为保险资金投资渠道进行考虑，在第 20 个模型分析结果中，股票投资比率达到上限，在与表 6.4

显示结果相比，股票投资比例最大化时，风险水平并未提升，对于追求更高
收益的投资者来说，该配置方法明显为最优选择。基金投资方面，在"一带
一路"基建项目纳入保险资金投资渠道后，基金投资比率明显下降，但仍在
一定程度上接近最大比率。

　　基础设施建设投资方面，表6.7所示结果较表6.4中比例有较大幅度提
升，主要由于"一带一路"基建加入后，该项投资占有较大投资比例，原因
在于我国逐年加大"一带一路"建设投资，保险资金作为金融市场资金重要
组成部分之一，参与程度也不断提高，在国家相关政策引导下，"一带一路"
基建领域具有较大发展空间和较好的投资前景，因此，在国家规定范围内，
保险资金大量进入该领域，通过资产配置模型分析结果也可看出，20种配置
方式中，最高比例投资的个数明显增加。

　　综上所述，将"一带一路"基建作为保险资金资产配置项目后，一方
面，拓宽了保险资金资产配置渠道，为保险资金投资提供新的投资选择；另
一方面，保险资金对于"一带一路"基础设施建设的投资，能够为保险企业
带来的收益更高，是保险资金进行资产配置的一种最佳选择。

6.3.3　优化投资组合的确定

　　由资产配置理论和表6.4、表6.7可知，当保险公司选取收益率较高的
资产配置方式时，所面临的风险也相应增加，而随着投资收益率的提高，保
险资金配置于银行存款和国债的占比均有下降趋势，即固定收益及无风险收
益资产占比将逐渐下降，而其他投资所占比例上升，企业债券投资和基金投
资占比先升后降，基建投资随收益和风险的增加而上升。

　　根据 CAPM 理论，当资本市场线斜率达到最大，额外增加一单位风险所
获得的收益最大，因此，本书中传统投资组合与加入"一带一路"的新投资
组合应当选取资产配置线斜率最大点为最优投资组合。用夏普比率 S_i 表示资
产配置线斜率，公式如下：

$$S_i = \frac{E(r_i) - r_0}{\delta_i} \qquad (6.2)$$

其中，S_i 表示夏普比率；$E(r_i)$ 表示年化预期收益率；r_0 表示年化无风险收益率，由银行存款和国债的年化收益率通过加权平均得出；δ_i 表示有效边界上各点标准差。因此，基于马科维茨模型的传统投资组合夏普比率及加入"一带一路"投资数据后的新投资组合夏普比率如表6.8所示。

表6.8　　　　　　　　　　　　资本配置线斜率　　　　　　　　　单位：%

比例优化的投资组合				渠道优化的投资组合			
年化收益	年化风险	标准差1	夏普1	年化收益	年化风险	标准差2	夏普2
2.86	0.32	0.056	−0.07	2.86	0.32	0.056	−0.07
3.18	0.32	0.056	−0.01	3.23	0.32	0.056	0.00
3.51	0.32	0.056	0.05	3.59	0.32	0.056	0.06
3.83	0.32	0.056	0.11	3.96	0.32	0.056	0.13
4.15	0.32	0.056	0.16	4.32	0.47	0.069	0.16
4.45	0.47	0.069	0.18	4.69	0.63	0.080	0.18
4.79	0.63	0.080	0.20	5.05	0.95	0.097	0.19
5.11	1.11	0.105	0.18	5.42	1.58	0.126	0.17
5.43	1.58	0.126	0.17	5.78	2.06	0.143	0.18
5.76	2.21	0.149	0.17	6.15	2.53	0.159	0.18
6.08	2.84	0.169	0.17	6.51	3.16	0.178	0.18
6.39	3.48	0.187	0.17	6.88	3.64	0.191	0.19
6.72	3.95	0.199	0.18	7.24	4.27	0.207	0.19
7.04	4.59	0.214	0.18	7.61	4.74	0.218	0.20
7.36	5.22	0.228	0.18	7.97	5.38	0.232	0.20
7.69	5.85	0.242	0.18	8.34	5.85	0.242	0.21
8.01	6.48	0.255	0.19	8.70	6.48	0.255	0.21
8.33	6.96	0.264	0.19	9.07	6.96	0.264	0.22
8.65	7.59	0.275	0.20	9.43	7.59	0.275	0.22
8.97	10.12	0.318	0.18	9.80	10.12	0.318	0.21

由表6.8中数据可以看出，对投资组合进行比例优化时，夏普比率最大值为0.20，此时基于马科维茨模型所得的资产组合年化收益率为8.65%，

年化风险为 7.59%；加入"一带一路"的投资组合中夏普比率最大值为 0.22，对应组合年化收益率为 9.43%，年化风险为 7.59%。因此，可以分别确定表 6.4（对投资组合进行比例优化）与表 6.7（对投资组合进行渠道优化）中的最佳投资选择，如表 6.9 所示。

表 6.9　　　　　　　基于马科维茨模型的最优资产配置　　　　　　单位：%

项目	年化收益	年化风险	银行存款	国债	企债	股票	基金	基建
比例优化	8.65	7.59	5	25.5	30	0	30	9.5
渠道优化	9.43	7.59	5	6.21	50	0	28.79	10

由表 6.9 中夏普比率确定的最优资产配置方式可以看出，在保险资金投资基础设施建设方面加入"一带一路"板块后，通过渠道优化选择的最优资产配置与比例优化确定的最优资产配置具有相同风险，而年化收益由 8.65% 升为 9.43%，两者均高于现阶段我国保险资金投资的实际收益率。

在保险资金资产配置比例优化结果与渠道优化结果的对比中可以看出，通过加入"一带一路"基建板块后，无风险资产配置中，国债比例下降幅度较大，企业债券比例上升，在夏普比率确定的最优资产配置中，股票市场投资由于近几年较大波动性以及收益的不稳定性，不再作为最优投资渠道予以考虑，证券投资基金投资比例略微下降，基建投资比例上升 0.5 个百分点。因而可以看出，保险资金参加"一带一路"基建的投资具备稳定且良好的收益。

| 第 7 章 |

中国人寿保险股份有限公司资产配置优化研究

7.1 中国人寿资产配置现状及问题分析

7.1.1 中国人寿资产配置现状

市场竞争愈演愈烈，经营形式也在不断变化，但是本着发展第一的理念，中国人寿积极适应寿险市场的变动，并为此作出不懈努力。在保险市场不断扩张的驱使下，伴随着越来越多的企业进入，中国人寿始终为行业的"领头羊"。在平稳中求进步，中国人寿保持稳步增长收益率的同时，还积极优化其投资策略使之符合不断变化的市场环境，例如积极尝试投资新的风险资产，不断调整风险资产与无风险资产的配比等。

7.1.1.1 中国人寿投资规模不断扩大

2003 年 12 月，中国人寿在纽约、香港成功上市。中国人寿的投资规模从 2005 年的 4936.86 亿元发展到 2018 年的 31057.90 亿元，相比较来讲，其规模扩张了 6 倍之余（见图 7.1）。

从图 7.1 我们可以看出，中国人寿历年的投资规模均是稳步增长的趋

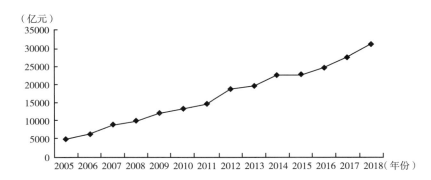

图 7.1　2005 ~ 2018 年中国人寿资产投资规模

资料来源：中国人寿历年年报。

势，涨幅较大的年份大致分布在金融危机前以及"偿二代"建设时期，说明中国人寿善于抓住机遇，有应对市场变化的能力。2005 ~ 2018 年，在投资规模大幅增加的同时，中国人寿的发展也越来越好。通过对中国人寿 2012 ~ 2018 年总资产及保费收入的分析，可以得到图 7.2、图 7.3。我们发现在 2018 年，寿险行业的保费收入增长出现了停滞，增长率出现负值，但中国人寿并未受到太大的影响，其保费收入增长率虽减少但总体收入仍呈增长态势。在与行业整体水平对比来看，中国人寿的总资产与保费收入持续增长，虽在寿险行业增长率较高时它的增长不明显，但在行业低迷时它仍能保持一定的增长率来对抗风险。

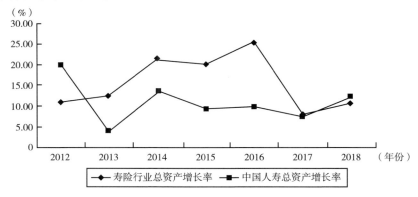

图 7.2　总资产增长率情况

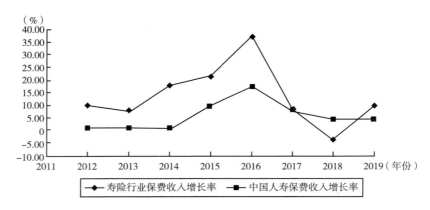

图 7.3　保费收入增长率情况

资料来源：中国人寿历年年报。

7.1.1.2　中国人寿资产配置结构趋于多元化

中国人寿作为寿险业的"领头人"，其资产配置一直备受瞩目，通过分析其历年年报我们可以得到表 7.1。中国人寿的投资资产主要以固定值到期日投资为主，其中，债券投资比例接近 50%。随着对整体收益率要求的不断提高，高风险伴随着高回报，中国人寿开始增大权益类投资的比重，与此同时和权益类同步增长的还有投资性房地产。但我们观察到固定收益类投资比重在 2014 年以后下降严重，下滑比例最大的是银行定期存款，大致为 50%。包括各类债券在内的金融产品上浮比例明显，2018 年已达到 11.31%。

表 7.1　　　　　　　　　中国人寿历年投资组合　　　　　　　　　单位：%

项目	2012 年	2013 年	2014 年	2015 年	2016 年	2017 年	2018 年
固定至到期日投资	87.12	89.39	85.89	77.68	78.20	80.76	77.51
权益类	9.00	8.38	11.23	17.99	17.17	15.79	13.67
投资性房地产	—	0.07	0.06	0.05	0.05	0.12	0.31
现金及现金等价物	3.88	1.60	2.81	4.27	4.50	3.33	2.01
联营企业和合营企业投资	—	—	—	—	—	—	6.50
总计	100	100	100	100	100	100	100

资料来源：根据中国人寿历年年报整理得到。

　　我们通过与中国平安、太平洋保险、新华保险三家保险公司的资产状况作对比的方式，来更加简单明了地分析中国人寿的资产配置现状。通过表7.2我们可以看到，四家公司的资产配置类别大体区别不大，占比最高的两类均为企债和银行存款，无风险资产在2018年均占到20%以上，我们可以认为保险公司的安全性在投资者看来仍是最重要的。但是细化到债券大类来看，中国人寿的企债占比45.18%较为明显。总体来看，四家保险公司在固定收益大类的占比均达到70%左右，这与发达国家的行业配置50%左右相比，是否存在问题，我们还需要进一步探讨。

表7.2　　　　　　　　　　　　四家保险公司 2018 年投资结构　　　　　　　　单位：%

项目	中国人寿	中国平安	太平洋保险	新华保险
银行存款	21.08	22.50	22.50	20.50
金融债	11.21	10.10	10.90	16.90
企债	45.18	45.40	46.30	39.30
国债	7.01	8.70	4.50	6.00
基金	6.32	3.20	7.20	6.10
股票	9.20	10.10	8.60	11.20
合计	100	100	100	100

资料来源：根据各公司年报整理得到。

7.1.1.3　中国人寿资产配置收益逐步提高

　　由表7.1结合中国人寿历年投资收益占比我们可以看出，其对可供出售的金融资产配置力度比较大，2012～2017年其投资收益率均占总收益率的30%左右，2015年达到41.29%。我们通过解读图7.4可以发现，中国人寿历年的投资收益较大比例的分布在可供出售金融资产、银行存款以及持有至到期投资三类中，对于其他投资方式的收益率仍保持在个位数比例上。随着中国人寿投资策略的不断变化，上述三类资产的比重逐年下降，中国人寿越

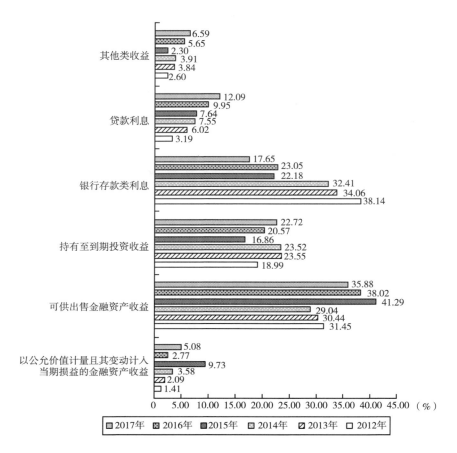

图 7.4   2012～2017 年中国人寿投资组合收益占比

资料来源：中国人寿历年年报。

来越多地增加对其他渠道的投资比例。其中，对可供出售的金融资产和银行存款类投资的下降比例最为明显。总体来看，中国人寿也在积极调整其较为保守的投资策略，资产配置更多地向高收益的风险资产倾斜。

通过分析投资总收益率我们可以发现，中国人寿在这 2012～2018 年中的投资总收益率平均值为 5.25%（见图 7.5）。在"偿二代"规则实施之后，中国人寿投资收益有了较大幅度的波动。通过对图 7.4 分析可以发现，在2015 年，中国人寿从对可供出售金融资产的投资收益接近总收益的 50%，而可供出售金融资产主要包括基金和股票。由于 2015 年是股市的上升期，

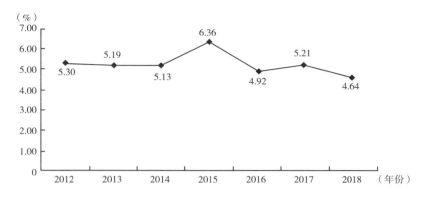

图 7.5　中国人寿 2012～2018 年保险投资总收益率情况

资料来源：中国人寿历年年报。

中国人寿的投资收益有了大幅增长，但由于金融环境的波动，2016 年的收益率不尽如人意，下降幅度达到 1.44%，对于中国人寿庞大的投资规模来讲，损失无疑是巨大的。

虽然中国人寿的投资组合较为保守，但整体来看，其投资收益率在同行业仍处于靠前水平，总体表现位于行业前端。由图 7.6 明显可见，中国人寿收益率总体与其他三家持平，其波动性明显小于其他保险公司，2012～2018年中国人寿的投资收益率有上升也有下降，但从整体水平来看，投资收益率呈现的是波动式上升的趋势。

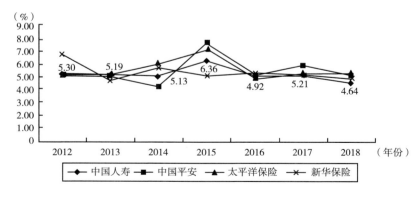

图 7.6　四家保险公司投资收益率

资料来源：中国人寿历年年报。

7.1.2　中国人寿资产配置问题分析

7.1.2.1　投资结构不合理，投资品种期限短

在本章的 7.1 节中通过中国人寿的资产配置结构，我们可以看出，2012～2017 年，中国人寿所投资的债券所占比例最高，基本均超过 40%，其他非固定收益投资、基金、股票等仅在 0～10% 的范围内。在 2015 年我国保险投资放松限制后，中国人寿积极配置另类投资资产，债券和定期存款的比例有所下降，但是在 2017 年定期存款与债券所占比例之和仍然达到 63.16%。

由图 7.7 可以看出，截至 2018 年底，债券、债权类金融产品以及银行存款（定期）占据中国人寿投资比重的绝大部分。债券的投资高居榜首，比例接近 45%。权益类投资（股票和基金）占比均较少，总和约 10%，说明国寿自身风险偏好厌恶，对高风险资产投资谨慎。通过图 7.8 对比美国寿险行业的资产配置情况，我们可以看出其历年债券投资均在 70% 以上。发达国家对高收益中风险类投资产品较为偏好，因而其整体收益率较高。但自从金融危机发生后，美国寿险行业对股票的配置有了明显下降，对于其他类型的投资比重则有逐渐增加的趋势，由此可见，美国保险公司一直倡导多元投资

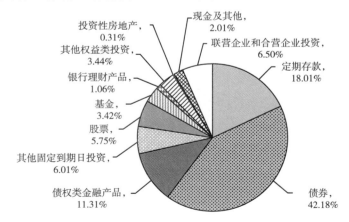

图 7.7　2018 年中国人寿资产配置

资料来源：中国人寿历年年报。

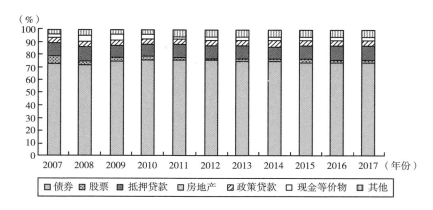

图 7.8　美国寿险行业历年资产配置变化

资料来源：Bloomberg。

配置，并且积极布局新的保险资金投资渠道，同时其规避风险的能力也较为卓越。

　　另外，中国人寿所投资资产的平均投资期限较短，主要以债券类型投资。但是我国债券市场发展年限较短，发展程度仍不成熟，主要表现在市场内的债券品种平均期限较短，随着通货膨胀率的不断变化，其不利于长线投资。加之中国人寿对债券的投资比例较大，故对于寿险资金来讲，债券的投资期限与之契合度不高。就期限为 10 年及以上的债券数量来讲，所占比例仅达到市场总比例的 4%。同时，权益类投资中，由于风险过高，无法准确预测其变动趋势，从而无法为中国人寿提供较为稳定的收益率，难以进行高比例投资。并且市场能够提供的中长期投资工具较为有限，由此造成投资结构的不合理，不仅与中国人寿自身的资产配置管理有关，还与中国资本市场发展尚不完善有关。

　　由此可见，由于资产期限无法与寿险资金相匹配，因此，寿险公司的资产配置不能向长期限资产倾斜，使资金无法有效利用。

7.1.2.2　境外投资占比较小

　　从中国人寿近些年的投资渠道来看，国内投资占主导地位，而国内的主要投资区域集中在银行、医疗及养老等。对境外领域的投资，主要集中在美国、英国等发达国家投资性房地产等固定资产项目的股权投资，例如2014年投资的伦敦金丝雀码头大楼项目以及2015年投资的波士顿地产项目。国家虽然在不断倡导对 "一带一路" 进行投资建设，但对于中国人寿来讲，其境外投资比例仍较小，并没有充分运用新的投资渠道以提高自身投资收益率。

总体来看，中国人寿对境外投资的比例仍需进一步提高。通过分析我们可以得到图7.9，中国人寿2014年开始对海外不动产进行投资试点，2015～2017年的境外投资占比均值仅为2.1%，说明其对境外投资的比例存在较大的提高空间。2018年随着中国人寿 "重振国寿" 倡议的提出，更加明确了其国际化布局的新思路，由此加强对海外机构统筹管理，积极服务 "一带一路" 建设，因此，2019年，中国人寿境外投资占比骤增到11%，我们有理由推断境外投资占比大幅度增长是因其增加了对 "一带一路" 沿线的投资。

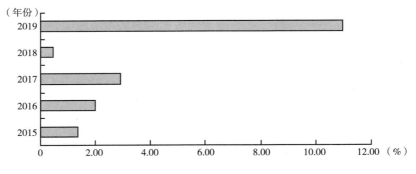

图7.9　中国人寿境外投资占比

资料来源：中国人寿历年年报。

国家相关部门均在积极引导我国保险企业 "走出去"，银保监会为此专门出台相应政策以加快保险企业向 "一带一路" 投资，在此大潮流下，我国保险企业理应顺应经济发展，积极参与 "一带一路" 沿线基础设施建设的投资需要，在风险可控的前提下，进一步加大海外投资的比例。

7.1.2.3　投资收益率偏低且不稳定

将中国人寿的投资组合收益率与同期的我国社会保障基金的投资收益率进行比较，得到图 7.10。社保基金主要由国有公司转让赠予的资金及股权资产、经国务院批准的以其他方式筹集的资金、某些年度政府拨付的资金及以上资金的投资收益组成。社保基金的特性决定了其与保险资金的共同之处，都是在安全性、收益性、流动性之间相互协调以实现其最终整体的保值增值。此外，社保基金因其社会性更为突出，故社保基金更关心安全问题。本节通过对图 7.10 的分析发现，除了在个别年份较高外，中国人寿的历年收益率均低于社保基金收益率。

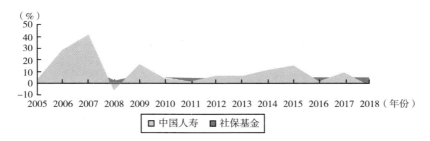

图 7.10　中国人寿与社保基金投资收益率对比

资料来源：中国人寿历年年报及社保基金官网。

单独对中国人寿 2005～2018 年的收益率进行分析，得到图 7.11，我们可以看到中国人寿保险资金投资组合收益率波动较大，其中，2011 年中国人寿的投资收益率仅为 3.51%，而 2007 年其投资收益率达到 10.27%，两者相差 6.76%。

"一带一路"也为中国人寿提供了新的投资渠道，由此本章结合前面内容对中国人寿的资产配置进行结构与渠道两方面的优化。鉴于专家学者对资产配置模型的探讨，笔者摒弃了由于输入参数的过于敏感的均值—方差模型，而采用加入主观观点与市场平均收益率使输出的配置比例更为合理的 Black-litterman 模型来进行实证分析。

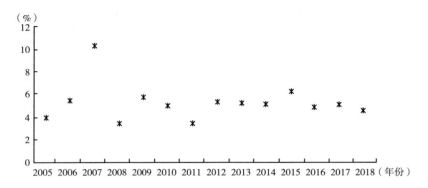

图 7.11   中国人寿历年投资收益率

资料来源：中国人寿历年年报。

7.2   中国人寿资产配置优化实证分析

7.2.1   B-L 模型概述

本书采用了在均值方差基础上优化的 B-L 模型，模型公式为：

$$E(R) = [(\tau\Omega)^{-1} + P^T \sum P]^{-1}[(\tau\Omega)^{-1}\Pi + P^T \sum Q] \qquad (7.1)$$

B-L 模型的具体计算流程如图 7.12 所示。因此，我们概括 Black-Litterman 模型实证研究的过程如下：

（1）先对中国人寿的资产配置结构进行优化。

（2）确定模型研究的资产种类并通过 GARCH 簇模型求出各大类资产的预期收益率。

（3）求解模型中参数 $\sum$ 、λ、$\prod$ 、τ、Ω、Q。

（4）在 B-L 模型中代入上述步骤求得的各类参数，得到再优化的收益率。

（5）将再优化的各资产收益率代入原始的马科维茨模型，最终得到结构

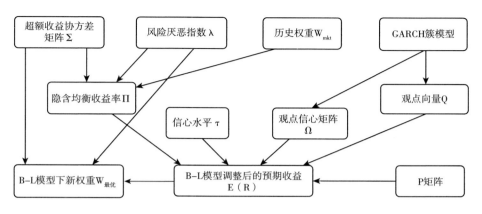

图 7.12　模型流程

优化后的资产配置比例。

（6）将上述步骤（2）中的恒生指数资产替换为"一带一路"主题指数资产，再次进行上述步骤，最终得到在结构优化基础上进行渠道优化后的资产组合权重。

7.2.2　资产配置结构优化

7.2.2.1　预期收益率计算

根据银保监会相关规定，我国保险资金可以投资的风险资产包括银行存款、债券、基金和股票等。

本章通过分析发现，中国人寿在银行存款投资方面多保持为活期存款与定期存款比例五五开；债券类的中国人寿投资多为国债和企债，因此，本书选择上证国债指数和上证企债指数；对于金融债类，中国人寿投资较杂，主要为债权及股权投资计划、信托计划、信贷资产支持证券、项目资产支持计划、专项资管计划以及资管产品，因此，本书选择中证金融债指数来度量；股票类为便于处理，选择沪深 300 指数；基金类则选择中证基金指数；关于境外投资，中国人寿主要在香港地区市场进行，因而选择恒生指数。由于我国银行存款兼具安全性高与回报率稳定的特点，因而被列为无风险资产，具体资产名称如表 7.3 所示。

表 7.3 各大类资产选择

资产名称	主要组成	数据来源
银行存款	活期存款与定期存款各占 50%	中国人民银行网站
债券	上证国债指数与上证企债指数分别替代国债和企债	CEIC 数据库
金融债	中证金融债指数	CEIC 数据库
股票	沪深 300 指数	CEIC 数据库
基金	中证基金指数	CEIC 数据库
境外投资	恒生指数	CEIC 数据库

为提高模型计算的精确度，本章采用 GARCH 簇模型来模拟各大类资产的预期收益率，以沪深 300（HS300）为例，具体步骤如下。

（1）将处理后的对数数据导入 Eviews 中，由此得到收益率的波动曲线（见图 7.13）。图形的波动现象明显，由此进行下一步的描述统计分析。

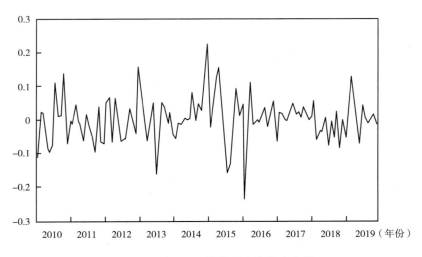

图 7.13 沪深 300 指数月度收益率直线

（2）对 HS300 对数收益率进行的描述统计分析。由表 7.4 可以得出，在 2010～2019 年统计年限中，HS300 的对数收益率均值为 0.057%，峰值达到 4.60，由于正态分布最高值为 3，同时存在负方向的偏度，统计量的 P 值为 0.0018，拒绝原假设，因此，HS300 分布不是正态分布。

表 7.4 　　　　　　　　　　　　　HS300 收益率描述统计量

项目	统计量	平均值	标准差	最大值	偏度	最小值	峰度	P 值
HS300	119	0.00057	0.06819	0.2296	0.03621	−0.2362	4.5969	0.0018

（3）对 HS300 进行 ADF 单位根检验。表 7.5 的结果显示 t = −9.76，P = 0，因此，HS300 序列不存在单位根。

表 7.5 　　　　　　　　　　　　　ADF 检验统计

项目	t 值	P 值
增强的 Dickey-Fuller 测试统计	−9.759154	0.0000

（4）自相关与偏自相关的检验。在对 HS300 对数收益率序列进行相关性检验后，得到图 7.14，我们发现，AC 和 PAC 两个系数均小于两倍标准误差，同时 Q 值一致大于 0.05，由此我们有 95% 的概率认为检验的序列不存在相关性。因此，模型的均值设定为白噪声模型，其表达式为：

$$r_t = \pi_t + \varepsilon_t \tag{7.2}$$

Sample：2010M01 2019M11
Included observations：119

Autocorrelation	Partial Correlation		AC	PAC	Q-Stat	Prob
		1	0.109	0.109	1.4589	0.227
		2	−0.066	−0.079	1.9981	0.368
		3	−0.027	−0.010	2.0870	0.555
		4	0.042	0.042	2.3116	0.679
		5	0.033	0.021	2.4491	0.784
		6	−0.073	−0.075	3.1279	0.793
		7	0.012	0.036	3.1466	0.871
		8	0.002	−0.015	3.1470	0.925
		9	−0.229	−0.236	10.005	0.350
		10	−0.054	0.006	10.397	0.406
		11	0.053	0.036	10.768	0.463
		12	−0.018	−0.058	10.809	0.545

图 7.14　自相关和偏自相关检验

然后我们将 HS300 进行去均值化，得到新的序列 w = HS300 − 0.0016 描述性统计为表 7.6。

表 7.6 　　　　　　　　　　　**新序列 w 的描述性统计**

项目	统计量	平均值	最大值	最小值	标准差	偏度	峰度	P 值
w	119	0.000026	0.228984	−0.2368	0.068187	0.036221	4.596858	0.001774

（5）ARCH 效应检验。对上述 HS300 对数收益率序列的残差的平方进行检验，以观察原序列是否存在 ARCH 效应。引入残差平方为新序列，即 y = z^2。同样对其进行步骤（4）的相关性检验，发现新序列存在 ARCH 效应。

（6）消除序列自相关。对序列进行 GARCH 模型检验，令滞后阶数分别为(1,1)，(1,2)，(2,1)三种情况时，分别观察其拟合优度，得出拟合优度最高且参数的显著项最高的组合 GARCH(1,1)。其主要结果如表 7.7 所示。

表 7.7 　　　　　　　　　　　**GARCH 拟合**

Variable	Coefficient	Std. Error	z-Statistic	Prob.
C	0.000536	0.000301	1.784450	0.074351
RESID(−1)^2	0.208241	0.088405	2.355536	0.018496
GARCH(−1)	0.688539	0.084260	8.171620	0.000000

（7）对 GARCH(1,1)模型进行 t 检验。改变模型的滞后阶数，令其分别为 1，5，8 后，得到的结果可以通过 t 检验，说明模型的自相关性已经消除，故收益率表达式为：

$$\sigma_t^2 = 0.000536 + 0.208\varepsilon_{t-1}^2 + 0.689\sigma_{t-1}^2 \qquad (7.3)$$

（8）最终收益率预测。借助 R 语言中的函数来对下一期的 HS300 对数收益率预测，由此得到月度收益率值为 0.52%。

同样地，对其他风险资产进行上述步骤的模拟，最终得到所有风险资产的预期收益率。推后一期的收益率具体如表 7.8 所示。对于无风险资产银行存款的收益率预测，本节则采用最后一期的收益率。这是因为我国的利率市场是受监管部门宏观调控的，不能自主进行调节，因而采用以上方法。

表 7.8　　　　　　　　　　　　**各类资产预测收益率**　　　　　　　　　　单位：%

资产类别	下期预测收益率
银行存款	0.14
债券	0.40
基金	0.17
金融债	0.35
股票	0.52
境外投资	0.30

7.2.2.2　模型中其他参数的获取

先要考虑不参与"一带一路"投资的情况。

（1）市场隐含收益率计算。根据相关理论，得到计算公式为：

$$\prod = \lambda \sum w_{mkt} \tag{7.4}$$

对于组合权重 w_{mkt}，采用中国人寿 2018 年年报汇总其各项资产投资数额，得出投资组合的资产权重，如表 7.9 所示。

表 7.9　　　　　　　　**2018 年中国人寿投资组合资产权重**　　　　　　单位：%

资产类别	权重
银行存款	21.08
债券	48.19
债券型金融产品	14.31
股票	9.50
基金	6.42
境外投资	0.50
合计	100.00

（2）协方差矩阵的获取。由于协方差矩阵涉及的维度较高，因而我们运用 Excel 中的相关函数对各风险资产与无风险资产收益率的差额进行相关分析，可以得到超额收益率比例分布，如图 7.15 所示。

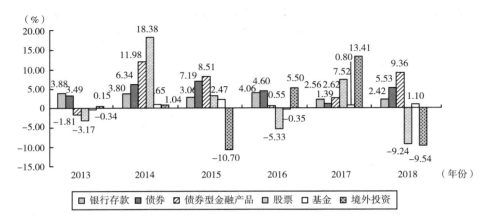

图 7.15　中国人寿历年投资组合资产收益权重

将上述求得的超额收益率矩阵进行协方差矩阵的求解,得到表 7.10。

表 7.10　　　　　　　　　　　　超额收益的协方差矩阵

项目	银行存款	债券	债券型金融产品	股票	基金	境外投资
银行存款	0.000112	0.000112	$-1.9E-05$	$-4.4E-05$	$1.17E-05$	0.000164
债券	0.000112	0.000392	0.000588	$1.81E-05$	0.000143	-0.00089
债券型金融产品	$-1.9E-05$	0.000588	0.002141	0.001482	0.000406	-0.00181
股票	$-4.4E-05$	$1.81E-05$	0.001482	0.006109	0.000435	0.001716
基金	$1.17E-05$	0.000143	0.000406	0.000435	0.000138	-0.00017
境外投资	0.000164	-0.00089	-0.00181	0.001716	-0.00017	0.005837

借助超额收益率矩阵以及相应的协方差矩阵,我们可以计算得到标准刻度因子,具体计算方法运用 Excel 求得,CF 值为 1.092。

(3) 风险厌恶系数 λ。借助协方差矩阵来计算得到有关资产配置组合的收益方差,一种方法是将前面求得的协方差矩阵与相应的资产权重相乘;另一种方法则是借助相应的方差计算公式求得。两种方法求得的方差为 $\sigma^2 = 0.0162$。然后将六项风险资产的收益率代入,得到 $E(r_m) = 3.86\%$,同时在 2019 年 12 月的市场无风险收益率 $R_f = 1.50\%$ 求出的风险厌恶系数为 $\lambda = 1.4564$。

（4）引入矩阵 P。加入投资者主观观点的资产相关矩阵 P，表示在加入投资者主观观点后对所投资资产的权重矩阵：

$$P = \begin{pmatrix} 0 & 0 & 0 & 0 & 0 & 0 \\ 0 & 1 & 0 & 0 & 0 & 0 \\ 0 & 0 & 1 & 0 & 0 & 0 \\ 0 & 0 & 0 & 1 & 0 & 0 \\ 0 & 0 & 0 & 0 & 1 & 0 \\ 0 & 0 & 0 & 0 & 0 & 1 \end{pmatrix}$$

（5）超额收益矩阵 Q。根据前面对风险资产的收益率预测值，将其与无风险的资产做差，由此得到超额收益矩阵 Q：

$$Q = (0.19\%, 3.41\%, 2.78\%, 0.56\%, 4.92\%, 2.16\%)^T$$

（6）主观观点预测矩阵 Ω。鉴于观点预测矩阵 Ω 与投资者的主观观点呈现反向变动趋势，因而可以得到以下结论，即当投资者对某项资产的信心水平较高时，呈现在矩阵 Ω 上的对应值便越小，反之越大。模型假设投资者的观点相互之间为独立存在，不受彼此影响，因此，用矩阵 Ω 上的 0 值代表。对矩阵 Ω 的预测值不同的学者持有不同的观点，因而本书选择更符合实际的 Idzorek 学者的计算方法。此方法将投资者主观观点的范围设立在 0 ~ 100%。具体的计算方法如下：

$$\Omega = \begin{pmatrix} \frac{1}{LC_1} \times CF & \cdots & 0 \\ \vdots & \ddots & \vdots \\ 0 & \cdots & \frac{1}{LC_i} \times CF \end{pmatrix} \tag{7.5}$$

对上述矩阵中 LC 的计算，我们采用历史数据的最后三期值进行后续预测，得到预测后的收益率，然后将预测值与实际值做差，得到 LC 的值。具体数据如表 7.11 所示。

表 7.11 LC 相关系数值

债券	股票	金融债	基金	境外投资
0.362	0.262	0.293	0.248	0.312

因此，代入矩阵 Ω 的计算公式中可以得到除银行存款外的风险资产的投资者主观观点矩阵：

$$\Omega = \begin{bmatrix} 3.017 & 0 & 0 & 0 & 0 \\ 0 & 3.727 & 0 & 0 & 0 \\ 0 & 0 & 4.303 & 0 & 0 \\ 0 & 0 & 0 & 4.168 & 0 \\ 0 & 0 & 0 & 0 & 3.500 \end{bmatrix}$$

（7）信心水平 τ。因为 Black-Litterman 模型是不断优化的，所以研究学者对于比例系数 τ 的计算一直持有不同的观点，在本书中，选用多数学者公认的较为科学的计算方法，即 Adozorek 方法，计算公式如下：

$$\tau = P^* \sum P^* \div \left\{ \sum_{t=1}^{k} (1/LC_i)^* CF/k \right\} \tag{7.6}$$

由此，将上述求得参数代入式（7.3），计算得到 τ 值为 0.58。

7.2.2.3 模型调整后的收益率

将上一小节中求得的所有参数代入式（7.1），由此得到经过 B-L 模型优化后的资产收益率，结果如表 7.12 所示。

表 7.12 模型应用前后收益率对比 单位：%

资产	调整前收益率	B-L 模型输出收益率	差额
银行存款	1.69	1.56	−0.13
债券	4.91	5.29	0.38
金融债	4.28	5.34	1.06
基金	2.06	1.35	−0.71
股票	6.42	6.47	0.05
境外投资	3.66	4.51	0.85

对表中存在的差额部分，其正负代表着投资者对该资产的偏好程度。如为正值，则投资者预计将会加大该资产的投资比例，且绝对值越大，投资比例越大；如为负值，那么投资者对该项资产厌恶，认为其可能为投资者带来收益的亏损，负数的绝对值越大，则厌恶程度越高。

7.2.2.4　约束条件

通过分析我国对于保险资金投资的监管规定，本书总结如下。

（1）银行存款等流动性资产的配置比例不得少于总投资金额的5%。

（2）国债等固定收益类资产的配置比例不得少于总投资金额的5%。

（3）公司（企业）债、股权类等权益类资产的配置比例不得超过保险资金总金额的30%。

（4）房地产类、基础设施类等的不动产配置比例不得超过保总投资金额的30%。

（5）其他金融资产的配置比例不得超过总投资金额的25%。

（6）海外资产配置比例不得超过总投资金额的15%。

因此，结合上述的约束条件：现假设 r_1，r_2，r_3，r_4，r_5，r_6 分别表示银行存款、国债、企债、股票、基金以及海外投资的收益率；w_1，w_2，w_3，w_4，w_5，w_6 分别表示银行存款、国债、企债、股票、基金、海外投资的资金配置比例。结合银保监会关于各项投资规定比例及中国银保监会公布的我国保险资金各项投资实际比例，本书通过保险资金对可投资资产的总结、归纳和分类，对上述投资资产按国家相关规定设置限制条件，具体限制如下：

$$0.05 \leqslant w_1 \leqslant 1$$
$$0.05 \leqslant w_2 \leqslant 1$$
$$w_3 \leqslant 0.3$$
$$(w_4 + w_5) \leqslant 0.3$$
$$w_6 \leqslant 0.1$$

7.2.2.5 优化结果及分析

（1）优化结果。在计算最优资产配置比例时，对所投资产进行以下分类：第一，无任何约束条件的 ω_u。第二，在银保监会具体的限制条件下，对各类资产进行投资上下限的设置，得到带有约束条件的 ω_c。由此，将表7.11 的资产收益代入式（7.13），如表7.13 所示。

表7.13　　　　　　　型优化后的投资组合与未优化的投资组合　　　　单位：%

项目	ω_u（无约束）	ω_c（有约束）	中国人寿（2018 年）
银行存款	12.35	12.35	21.08
债券	55.48	55.48	48.19
金融债	18.08	18.08	14.31
基金	4.92	4.92	9.50
股票	6.46	6.46	6.42
境外投资	2.71	2.71	0.50
合计	100.00	100.00	100.00

通过对比我们可以发现：

第一，对于监管规则，无论加入与否，模型对其运行的结果是一致的，即 $\omega_u = \omega_c$。这是因为资产配置优化中都没有超过限制比例，因而得到的结果是相同的。

第二，在加入了投资者的观点之后，与中国人寿（2018 年）的资产配置对比来看，模型对表7.10 中差额为负的资产的配置比重均有大幅度下降，同时增加了对债券、金融债以及境外投资的投资比重，对于股票的变动，不仅要基于预期收益率，还要考虑股票市场的宏观环境。

（2）对结果进行分析。通过分析中国人寿在结构优化后的结果，本节采用收益率超额收益率来对模型优化后的收益进行衡量，而对风险的衡量则采用夏普比率，夏普比率的数值越高，风险越小，说明模型的优化效果越好，公式如下：

$$SR = (R_p - R_f)/\sigma_p \tag{7.7}$$

通过分析表 7.14 我们可以得到，模型在结构优化后，收益率较原配置上升了 0.6%，夏普比率增加了 0.0574，说明经 B-L 模型优化后的资产配置每承受一单位的风险，收益较原配置有 0.0574 的提高。由此，我们认为，经 B-L 模型优化后的资产配置对中国人寿而言是有效的。

表 7.14　　　　　　　　　结构优化后与原配置对比

项目	B-L 优化后	中国人寿（2018 年）
收益率	0.0524	0.0464
超额收益	0.0374	0.0314
标准差	0.1296	0.1358
夏普比率	0.2886	0.2312

中国人寿从 2014 年开始显著地降低定期存款的比例，从最初的 32.85% 降至 18.01%，同时开始显著增加债券的比例，从最初的 2.87% 提升至 11.31%，资产配置的不断改变验证了我们模型研究结果的有效性，经过模型优化后的资产配置方向是符合中国人寿未来转变趋势的。

7.2.3　资产配置渠道优化

通过本书的研究发现，对中国人寿的资产配置结构优化后，债券、金融债以及境外投资类的投资比例增加使收益率提高风险降低。由于保险公司的投资期限与"一带一路"相关建设项目在投资期限、投资规模上具有超高的契合度，对保险公司的资产配置进一步优化更加有利，因此，本章在结构优化后对中国人寿的资产配置进行渠道优化。渠道优化仍使用 B-L 模型首先对收益率加入投资者主观观点；其次运用马卡维茨的投资组合理论得到优化后的资产配置组合。

在对"一带一路"风险资产进行选择上，本书选择上证"一带一路"主题指数进行资产配置渠道优化研究。上证"一带一路"主题指数在形成样本股时综合考虑了前一年的日均总市值、现有海外业务占比、新签"一带一路"地区订单、主营业务所在地域四个维度上，囊括了基础建设、交通运输、高端装备、电力通信、资源开发五大产业,同时采用自由流通调整市值加权计算得到资产标的,其反映"一带一路"主题在沪市 A 股的整体走势,由此本章采用其代表"一带一路"风险资产来对中国人寿资产配置进行优化分析。

7.2.3.1 加入"一带一路"投资后优化

本章仍然采用 B-L 模型进行计算。首先运用 GARCH 簇模型对上证"一带一路"主题指数的预期收益率进行测算,可以得到表 7.15。

表 7.15 资产收益率预测

资产类别	下期预测收益率
上证"一带一路"主题指数	0.53%

其次同样运用 B-L 模型,对其中的比例系数进行计算。最后运用 B-L 模型求得的优化收益率代入均值方差模型进行优化计算,得到模拟最优资产配置权重,如表 7.16 所示。根据相同的约束条件将投资资产进行以下分类:一是无任何约束条件的 $\omega_u{}'$。二是在银保监会具体的限制条件下,对各类资产进行投资上下限的设置,得到带有约束条件的 $\omega_c{}'$。

表 7.16 加入"一带一路"投资的最优资产配置权重与
未优化的投资组合 单位:%

项目	$\omega_u{}'$(无约束)	$\omega_c{}'$(有约束)	中国人寿(2018 年)
银行存款	11.45	11.45	21.08
债券	54.13	54.13	48.19
金融债	17.84	17.84	14.31
基金	5.47	5.47	9.50
股票	6.54	6.54	6.42
"一带一路"投资	4.57	4.57	0.50
合计	100.00	100.00	100.00

对比表 7.16 我们可以发现,在加入"一带一路"主题指数后,银行存款、债券、金融债都有一定程度的减少,说明替换指数后,投资者对这三类资产的投资回报率有一定程度的看跌,而对股票、基金则有一定程度的看

涨，同时，对于新加入的"一带一路"投资，投资者对其的投资回报率均高于其他资产。这也一定程度地说明，投资者对于"一带一路"投资的看涨态度高于其他资产。

7.2.3.2　优化结果分析

通过分析中国人寿在结构优化与渠道优化后（加入对"一带一路"沿线国家的投资）的结果，对风险以及收益两个方面进行分析，同样的采用夏普比率来对风险进行衡量，公式如下：

$$SR = (R_p - R_f)/\sigma_p \qquad (7.8)$$

因此，我们通过计算可以得到表7.17。

表7.17　　　　　优化后模型（有约束）和当前资产配置业绩比较

项目	加入"一带一路"优化后	中国人寿（2018年）
收益率	0.0616	0.0464
超额收益	0.0466	0.0314
标准差	0.0989	0.1358
夏普比率	0.4712	0.2312

分析表7.17可以得到以下结论。

经过渠道优化后，收益率较之前增加了1.52%，同时标准差下降了0.0369。这说明在渠道优化后，中国人寿的资产配置较之前不仅收益增加，而且风险得到一定程度的降低。夏普比率也从0.2312增加到0.4712，表明中国人寿在优化其配置后获得超额收益的能力也随之提高。

7.2.4　结构优化与渠道优化对比分析

基于前面的分析，本书将两种优化结果放入表7.18进行对比分析，分析结果如下。

表 7.18　　　　　优化后模型（有约束）和当前资产配置业绩比较

项目	结构优化后	渠道优化后	中国人寿（2018 年）
收益率	0.0524	0.0616	0.0464
超额收益	0.0374	0.0466	0.0314
标准差	0.1296	0.0989	0.1358
夏普比率	0.2886	0.4712	0.2312

（1）我们发现，在加入"一带一路"指数后，资产配置此时所获得的收益最高且所承担的风险最低，在加入"一带一路"投资后收益率增加到6.16%，标准差降为0.0989，因此，在投资的效用上来讲，进行"一带一路"投资显著地优于中国人寿现有配置。所以我们可以认为，加入"一带一路"指数后通过 B-L 模型优化的投资组合值得中国人寿借鉴。

对于中国人寿来说，未来如果按照模型结果的资产配置方向进行相应调整，收益率将会提升大约0.6个百分点，特别是加入"一带一路"基础设施投资后将会获得更高收益。对于保费收入在不断增加的中国人寿，收益率的微小变动都会使收益额产生不小的增加，在一定程度上同时缓解保单业务的收益压力，从而对保险公司总资产增加产生有利影响。

（2）我们同时还可以观察到，不管是结构优化还是渠道优化后的投资收益率均高于原有收益率，同时超额收益方面也有一定程度的提高。结构优化后的收益率为5.24%，但是经过渠道优化后收益率增长到6.16%，比原有配置增加了1.52%的超额收益。说明渠道优化比单纯进行结构优化的收益率还要好，也从侧面印证了投资"一带一路"基础设施建设的可行性。同时，配置组合的标准差均有了不同程度的下降，结构优化后标准差下降了0.0062，但渠道优化后的标准差下降了0.0369，更为明显。对于风险的度量，我们可以观察到夏普比率在结构优化后上升至0.2886，但是在渠道优化后上升至0.4712，说明每多承担一单位的风险，中国人寿可以多获得0.4712的超额收益。

但是在对"一带一路"投资时还存在不可度量的风险，例如制度风险、利率风险以及政治风险等。在进行投资时更是要将其考虑在内，因此，参与

"一带一路"沿线国家基础设施建设时，可以考虑通过债权、基金、股权等方式进行，不仅可以保障资金的安全性，还为提高投资收益提供可行。尽管如此，对于资金巨大的中国人寿来说，参与"一带一路"基础设施建设时仍要多方面考虑、谨慎选择，避免其投资资金的安全性受到影响。

7.3　结论与建议

7.3.1　结论

通过前面的分析，我们发现，保险公司的投资收益将会在其今后的行业竞争中越来越重要，因此，如何进行更合理的资产配置成为各保险公司面临的挑战。随着监管部门对基准利率管控的逐渐放松，我国的市场调节利率时代可能就要到来。在保证资金安全性的前提下，如何获取更高的收益同时平衡收益和风险之前相辅相成的关系也将成为保险公司的难题。本书借鉴各位学者对于保险资金资产配置的相关著作，总结归纳并适当地创新，在马科维茨资产配置理论的基础上，运用 B-L 模型对中国人寿的资产配置进行结构和渠道分别优化，研究具体分为以下三个方面。

第一，基于保险资金资产配置的传统渠道，本书将中国人寿的配置资产分为银行存款、债券、金融债、基金、股票、境外投资（渠道优化时采用上证"一带一路"主题指数）六类，对其进行投资比例的优化研究，从实证结果中我们不难看出，中国人寿在传统投资渠道中的各类资产占比仍有较大的发展空间，实际配置中并未达到最优比例。

第二，近年来在国家的积极倡导和政策引领下，我国保险行业加大对"一带一路"项目的投资。故本书对"一带一路"基础设施建设资金进行多层面分析，旨在拓宽其配置渠道。随后将"一带一路"基础设施建设纳入中国人寿的资产配置范围中，实证结果显示，加入"一带一路"投资后中国人寿的投资收益得到提高同时风险得到控制，说明将"一带一路"基础设施建设作为中国人寿资产配置的新渠道具有一定合理性。

第三,从考虑投资风险的收益角度,本书运用夏普比率对 B-L 模型进行结构与渠道分别优化后的测算,结果表明,通过夏普比率确定的两个最优资产配置组合中渠道优化的风险明显较小,且投资组合具有更高收益率。

本书期望优化后的投资组合可以为中国人寿未来资产配置上提供有效的参考,还可以为中国人寿在一定程度上缓解投资提高收益率的压力。本书还具有一定的局限性,只能为国寿的资产配置抛砖引玉。相信中国人寿在对自身配置进行全方面评估且将更多无法定量分析的影响因素纳入考虑范围,可以得到最佳配置方案,同时使收益率得到相应提高。

7.3.2 政策建议

本书在分析研究国内外有关于保险投资的风险管理和收益管理的研究成果之后,详细地分析了中国人寿的资产配置情况,构建了适合中国人寿资产配置的优化模型。针对中国人寿资产配置存在的问题:

(1)资产配置比例不合理,投资品种期限短。

(2)投资"一带一路"比例小。

(3)投资收益率不稳定。在此,我们对中国人寿作出以下的资产配置建议。

7.3.2.1 合理配置,提高收益

投资资产的多元化是国外保险公司能够取得较高收益率的一个主要原因。国外市场中金融行业不断变化更新,主要表现为金融品种以及金融工具的创新,其在为本国保险公司带来挑战的同时也带来机遇。由此在保险公司逐年提高投资收益的同时,我国的投资市场环境也急需得到改善。

通过分析可以发现,中国人寿资产配置长期较为保守,多选择风险较低、投资收益较为稳定安全的资产进行配置,由此拉低了整体投资收益率水平。并且在对资产的期限选择上,受到我国债券市场本身的约束限制,中长

期风险资产占比过少，这也是导致收益率较低的因素。

因此，我们可以从以下两个方面改进。

（1）资产配置过程中降低固定收益率低的资产比例。在我国市场利率不断走低的背景下，固定收益类的资产的整体收益必然还会下降，这对于持有固定收益类资产约 77.51% 的中国人寿来说，无疑会大大减少其投资收益率。同时对比国外保险公司持有比例为 50% 来讲，可以看出，我国的保险公司在资产配置方面仍是过于保守，过多考虑资产的安全性。由于寿险公司的特性，其业务合作期限较长，面对利率下行的压力也就越大，同时将通货膨胀率以及保单竞争加剧等因素考虑在内，中国人寿原有的资产配置模式势必会受到不小的冲击，因此，投资理念的转变势在必行。就目前来看，投资收益水平的高低很有可能会对保险公司尤其是寿险公司的命运产生不小的影响。

（2）资产配置过程中提高权益类高收益资产比例。在宏观经济下行的大背景下，我国股市的估值偏离正常水平，但是随着我国金融市场的不断发展与完善，股市将会逐渐回归正常水平，因此，对股票的投资收益也会有所提升。随着国家政策的不断完善，新三板市场呈现喷井式增长，中国人寿可以尝试分散投资不同板块的股票在一定程度上应对投资股票所带来的非系统性风险。但在保险资金进入股票市场时，应当充分考虑股票市场风险性，进行股票、债券、基金、衍生品以及另类投资等多种手段分散投资风险，同时加强对宏观经济环境的关注和预测，及时规避金融风险，减少风险损失。长远来看，权益类资产将会是保险公司将来配置的主要方向之一。

7.3.2.2　抓住机遇，积极参与

"一带一路"沿线地区急需建设其落后的基础设施，但各国政府资金并不足以填补基础设施建设的资金缺口，急需大量外资涌入，因此，为了吸引更多的外来投资者从而提供了许多的优惠政策，为调动我国企业对其投资的积极性，中亚各国专门针对我国企业颁布了相应的优惠政策，重视程度可见一斑。

随着保险资金的不断扩大，在面对"一带一路"沿线基础设施的资金缺

口时，保险行业具有投资"一带一路"沿线基础设施的天然优势。主要表现为，保险资金尤其是寿险资金具有较长期限的稳定性，不仅可以提供相近期限的资金来参与基础设施建设，而且还可以稳定持续地对其进行资金供给。因此，保险资金要充分利用其投资优势，积极为"一带一路"进行投资，同时结合投资于国内基础设施建设的投资经验，在大好的国际形势以及优惠政策之下积极主动地抓住发展机遇，充分了解"一带一路"的基础设施建设项目，积极主动地参与其中。

在"一带一路"倡议的快速推进中，保险监管部门应适当放宽渠道限制，使保险资金能够更加广泛地参与到"一带一路"沿线国家的基础设施建设中。本书通过定量分析，借助对"一带一路"项目的资产配置，使险资的投资渠道进一步增加，同时降低了资产配置的非系统性风险，在提高投资收益率的结果下，也使超额收益率有一定程度的提高。因此，我国保险企业要善于抓住机遇，迎接挑战，在有效控制资产配置面对的风险前提下，资产配置比重逐渐向"一带一路"沿线倾斜；在拓宽保险资金投资渠道的同时，对保险企业各渠道的配置比例进行更加规范和科学的限定，确保"保险姓保"。

7.3.2.3 完善体系，加强监管

尽管我国已经建立起适合我国保险市场的较为完整的监管体系，但是监管体系的完善与否决定着保险资金能否更加高效地运用。随着"一带一路"倡议的不断深入，我国保险资金海外项目资产配置比例逐渐提高，由于海外投资所面临的风险与国内市场不同，为了保证资金的安全性和所投资市场的稳定性，就需要相关监管部门的政策体系给予支持。加强制度、规则建设可以采取以下措施。

（1）建立公开公正、依法治理的监管机制，以提高保险公司的资金配置收益率为前提，使公司发展更为健康、健全。

（2）加大对资产配置的研究力度。积极培养专业人才，为我国的保险市场注入新鲜"血液"。在保险公司得到最优配置后，要明确各相关部门的责任与义务，相互监督，共同发展，为我国树立良好的行业风气。

（3）实时监控潜在的风险并及时作出相应对策。继续完善对风险治理的制度层面建设，并且在进行相应运用时，明确制度的先行性，做到一切以制度为界。

7.3.2.4　谨慎投资，控制风险

"一带一路"沿线国家情况不尽相同，进行投资时还需考虑到汇率风险、制度风险等。因此，针对上述问题，保险公司首先要保持资金的安全性，树立较强的风险管理意识。在充分分析投资过程存在的风险时，提高自身的防范意识，敏锐识别风险从而全面管理风险。其次保险公司应将风险管理理念贯穿其整个投资过程，避免出现管理漏洞。由于"一带一路"沿线国家的基础设施建设项目均带有其国家的特点，因而保险公司应充分全面地了解信息，从而更好地进行投资。另外，严格科学的风险管理机制是风险管理的有力保障，保险公司应该完善风险管理机制，在投资"一带一路"基础设施建设时科学地进行管理。

只有对"一带一路"沿线基础设施建设项目的投资风险做到全面、专业以及科学的分析，才能抓住"一带一路"带给保险公司的机遇，为保险行业带来新一轮的腾飞。我相信，随着"一带一路"政策的不断实施，中国人寿参与其中的比重将会越来越大，以此为机遇，中国人寿的行业竞争力也会愈加明显，而寿险资金有效配置也会实现基于自身与实体经济的双赢。

| 第 8 章 |

加强保险资金参与"一带一路"基础设施建设的对策及建议

保险资金参与基础设施建设不但对其行业自身并且对"一带一路"沿线的发展都有很好的促进作用。但是,面对复杂的政治风险、经济风险、法律风险和文化风险,需要从宏观和微观两个层面严格管理。

8.1 宏观层面

8.1.1 加强法律体系的健全,培养法律专业人才

能否顺利地将保险资金投入基础设施建设项目,很大程度上依赖于基础设施项目所处的法律环境是否健全。一个法律制度比较健全的投资环境可以吸引更多的投资资金进入市场,所以"一带一路"沿线国家应该使基础设施建设的投融资制度建设趋于法制化,建立政策开放的环境。针对我国的国情,政府可以推出一些能够吸引保险投资的鼓励政策,同时各资产管理部门应该注意政策之间的连续性,避免因部门的不同职能导致政策不同进而对基建项目造成阻碍。

每进行一项国外基础设施项目的投资时,都要加强对法律风险管理人员

的专业培训，结合基建项目的业务常识和相关法律常识，培养一支懂风险、懂法律、高素质的综合性人才队伍，满足不断增长的法律风险管理需求。同时有必要时在法务部门成立专业的对外投资法律风险和事故处理部门，使对外法律风险处理专业化。与此同时，可以加强和东道国法务专员的合作，因为只有本国的懂法者对本国的法律情况最了解。

针对政府以及企业所处的环境，关键时刻可以预先建立一套比较完整、能很好应对法律风险的风险管理体系，具体包括以下三个方面：（1）对可能发生的风险根据不同的标准进行识别分类，例如可以量化的风险以及不可量化的风险、可以分散的风险以及不可以分散的风险等，进一步根据风险查明潜在法律风险的来源及原因。（2）设立法律风险预警机制。可以识别的风险选取一系列指标进行量化，监控风险变动的趋势，根据风险的强弱设置不同的阈值，并评价各种法律风险状态偏离警戒线的强弱程度。当量化的程度超过警戒线时就及时采取措施。（3）建立法律风控应对政策，设计风控的目的并将风险控制在一定的合理区间内，完善风险突发机制，将法律风险造成的危害降到最低。

8.1.2　深化保险体制改革，发挥市场和政府的作用

由于保险资金的投资结构过于单调，市场发展相对缓慢，这一系列问题十分不利于基础设施的多渠道发展。因此，国家应该加强保险机构的建设，努力构建层次清晰、品种多样化的金融结构，加强中央对金融政策的改善，改进政府对市场的宏观调控方式，取得市场效应。

从市场的角度来看，保险资金参与海外基建投资的过程中充分发挥市场的调节作用，由于投资环境的不明朗，应该采取渐进的方式随着市场的变化和行业的发展状况逐渐调整投资比例和模式，将风险损失控制在一定的比例之中。虽然某些具体的政策有些变化，但是微小的变化并不会对投资行为造成不良的冲击，依然遵循与其结构相一致的投资理念，进而保证保险行业和基础设施建设领域的良性互动发展。

从政府的角度来看，作为市场行为的监督者，基础设施建设指标的规划者，政府主导社会发展的特征依然比较明显，对于社会来说，保险资金的来源和用途直接关系到人民和社会等多方面的问题，良好的运作会促进社会的发展，低效率的运作只会对社会的发展起反作用；对整个保险行业来说，保险资金能否被很好地运作直接影响了其投资收益率的高低，进一步影响了该行业的发展前景。因此，政府应该更加重视和支持保险行业的发展，积极处理保险资金投资过程中的问题，使保险资金能够顺利进入基础设施建设的领域。一方面，基础设施建设领域直接和政府挂钩，也属于由政府垄断的行业，影响力非比寻常，如果缺乏政府的支持，保险资金将很难融入基础设施建设领域；另一方面，许多基础设施建设项目牵扯很多社会问题，如果没有政府的调节，保险资金投资在基础设施中很难得到保证。

8.1.3 健全管理体制，加强风险管理

尽管我国已经建立起适合我国保险市场的较为完整的监管体系，但是监管体系的完善与否决定着保险资金能否更加高效地运用。随着"一带一路"倡议的不断深入实施，我国保险资金海外项目资产配置比例逐渐提高，由于海外投资所面临的风险与国内投资风险水平不同，为了保证保险资金的安全性和保险市场的稳定性，就需要相关监管部门的政策体系给予支持。

对于我国保险市场而言，《保险法》是监管保险行业市场行为的准则规范，为了紧跟金融市场和保险市场的迅速发展，进一步完善《保险法》及其他法律法规文件中关于保险资金海外投资的相关规定，保证保险资金的盈利性、流动性和安全性。

"一带一路"沿线国家都具有不同的特殊性，可能存在汇率风险、地缘政治风险、信用风险等风险。在对待"一带一路"基础设施建设的投资问题上，首先保险公司应当秉持着保险资金安全性的原则，树立坚定的风险管理意识。其次要充分意识到投资过程中必然存在风险，敏锐地识别可能出现的

风险，并重视这些风险，把风险管理理念贯穿整个投资流程，进而全面地管理风险，避免出现管理漏洞。"一带一路"沿线基础设施建设项目有其自身的特点，对"一带一路"沿线国家以及沿线基础设施建设的充分了解有助于更好地进行投资。另外，严格科学的风险管理机制是风险管理的有力保障，保险公司应该完善风险管理机制，在投资"一带一路"基础设施建设时科学地进行管理。

只有风险管理的机制健全，风险管理的各个环节才能有效落实，结合敏锐的风险意识、建立专门的管理部门、同时配备专业的服务人才，保险公司必将对"一带一路"沿线基础设施建设项目的投资风险做到全面、专业以及科学的管理，从而抓住"一带一路"倡议所带来的空前机遇，为保险行业带来新一轮的腾飞。

8.2　微观层面

8.2.1　抓住发展机遇，积极参与

在"一带一路"建设的快速推进中，保险监管部门应适当放宽渠道限制，使保险资金能够更加广泛地参与到以"一带一路"为代表的海外和国内基础设施建设中。通过实证研究也发现，将"一带一路"项目纳入保险资金投资组合后，在拓宽保险资金投资渠道的情况下，投资组合收益不仅高于现阶段我国保险行业的实际投资收益，也高于对传统投资组合各资产比重进行优化时的投资收益，因此，保险资金资产配置应抓住"一带一路"的发展机遇，增加"一带一路"基础设施投资项目，并在控制风险水平的前提条件下，逐步扩大"一带一路"及基础设施建设投资比重；在拓宽保险资金投资渠道的同时，对保险资金各渠道的配置比例进行更加规范和科学的限定，确保"保险姓保"。

"一带一路"沿线地区急需建设其落后的基础设施，但各国政府资金并

不足以填补基础设施建设的资金缺口,急需大量外资涌入,因此,为了吸引更多的外来投资者从而提供了许多的优惠政策,中亚各国还颁布了针对中国投资企业的专项优惠政策,充分体现了对中国投资的重视程度。

保险资金规模较大并且在逐渐增大,面对"一带一路"沿线基础设施建设的资金缺口,保险行业具备投资"一带一路"沿线基础设施建设的资金优势。保险资金具有较长期限的稳定性,不仅可以较长期限地供基础设施建设使用,同时可以持续稳定地对"一带一路"沿线基础设施建设供给资金。保险资金要结合自身与"一带一路"基础设施建设所需相契合的特点,同时在结合投资于国内基础设施建设的投资经验,在大好的国际形势以及优惠政策之下积极主动地抓住发展机遇,充分了解"一带一路"的基础设施建设项目,积极主动地参与其中。

8.2.2 结合自身条件,理性投资

不同的保险公司有其自身不同的特点,公司规模、公司结构,以及公司的人力、物力和财力水平都不尽相同,保险公司应在自身条件的基础之上,结合投资目标来制定自己公司的投资策略。

投资活动必然伴随相应风险,我国保险企业应根据自身资金实际情况与投资环境变化情况及时调整资产配置策略,对于高风险及不稳定投资渠道,应减少资金投放,在投资环境趋冷情况下,采取保守策略增加固定收益类资产投资,减少高收益、高风险资产投资。同时,加强风险管理、资产管理方面人才培养和引进,增强企业自身风险管理和资产管理水平。

投资于基础设施建设项目需要保险公司的大量资金,并且经过较长时间才能获得投资回报,而保险公司最重要的一大原则是安全性。保险公司应该在借鉴外资企业投资经验的基础之上,根据自身公司现状,积极培养内部专业型人才,开阔渠道引进国际化的专业人才。针对"一带一路"基础设施建设方向设置专门的投资管理管理部门,结合自身机构特点,理性选择投资项目、投资方式以及投资金额,充分发挥保险公司自身行业的"保险"特质,

运用专业手段控制风险、分散风险。

8.2.3　严格把控风险，重点选择

　　将保险资金参与"一带一路"沿线国家基础设施建设之前，应该有专业人士对项目进行详细的可行性分析，推动政府、企业和金融机构的调研活动，慎重选择重点合作的国家，优先选择具有地缘优势和资源禀赋、投资环境安全稳定、能够同我国进行长期合作的国家。确定合作的国家后，根据当地的实际情况率先将保险资金参与能够对"一带一路"整体倡议产生重大影响的关键项目，同时在实施项目的过程中应遵循科学决策，规范管理的原则，并坚持安全性、流动性、收益性之间相互协调发展，尽快获得经济效益，打造中国品牌，有利于"一带一路"倡议的后续推进。

　　对于"一带一路"基础设施中属于我国国内的建设基地，在选择基础设施项目时，首先应优先选择行政级别高的，因为行政级别越高的项目其安全保障程度就会比较高。除此之外还要考虑到该项目建成后是否能够产生固定的资金来源，例如城市轨道、高速公路以及港口项目等，这些项目建成后并不仅依靠财政的补贴，因为项目建成后其运营过程中项目本身就会产生稳定的现金流。其次保险机构应该从一开始就加强对风险的监管，严格控制投资于基础设施债权计划的投资比例，并且严格地对所建项目进行很好的信用评级，然后查看与该项目相关的机构是否有相应的担保及抵制措施对风险进行分担，进而控制风险。最后保险机构在进行保险资金参与基础设施债权计划时除了考虑项目内部的信用评级外，还应该进一步考虑行业的分布情况以及区域的集中度等方面的问题，多方面考虑提出相对应的补救措施，在一定程度上控制项目的风险。

参考文献

［1］荣喜民，李楠．保险基金的最优投资研究［J］．数量经济技术经济研究，2004，21（10）：62－67.

［2］崔斌．保险资金投资组合的管理模式［J］．保险研究，2004（8）：31－34.

［3］陈学华，韩兆洲，唐珂．基于 VaR 和 RAROC 的保险基金最优投资研究［J］．数量经济技术经济研究，2006，23（4）.

［4］章晓霞，梁冰．投资组合保险策略在保险公司中的应用与实证分析［J］．保险研究，2008（4）：68－71.

［5］张玉杰．我国保险资金运用现状分析及对策选择［J］．理论界，2014.

［6］南钦文．从资产、负债、政策三维度看保险资金配置的现状与趋势［D］．杭州：浙江大学，2018.

［7］姚京，袁子甲，李仲飞．基于相对 VaR 的资产配置和资本资产定价模型［J］．数量经济技术经济研究，2005，22（12）：133－142.

［8］庄新田，姜硕，朱俊．基于均值－CVaR 模型的企业年金资产配置［J］．管理学报，2009，6（11）：15－18.

［9］段国圣．保险投资新政下的资产配置［J］．中国金融，2013（20）：65－67.

［10］王兵，苏健．保险资产配置比例问题的实证研究［J］．南方金融，2013（6）．

［11］李明亮，倪玉娟，谢海林．海内外保险资金资产配置的结构变迁分析［J］．证券市场导报，2013（6）：56－62．

［12］白冰，逯云娇．我国保险机构特征偏好与固定收益类资产配置研究［J］．经济问题探索，2013（3）．

［13］韩铭珊．对保险资金非标资产配置的思考［J］．中国保险，2015（1）：57－62．

［14］梁超群．基于均值 VaR 中国商业银行资产优化配置研究——以招商银行为例［D］．大连：大连理工大学，2015．

［15］王颢，潘文捷．保险资产最优配置：理论模型、数值模拟及政策含义［J］．保险研究，2016（12）：39－60．

［16］申社芳．现代投资组合理论在我国资本市场的应用［J］．统计与决策，2016（3）．

［17］罗鸣．保险资产配置国际比较及启示［J］．武汉金融，2017（1）．

［18］孙璐．我国保险资金最优投资比例问题研究［D］．杭州：浙江大学，2009．

［19］郭文旌，李心丹．最优保险投资决策［J］，管理科学学报，2009，12（1）．

［20］王俊，王东．保险公司资产组合与最优投资比例研究［J］．保险研究，2010（12）．

［21］张海云，郑春艳，张煜．关于高净值客户资产配置的理论研究［J］．金融理论与教学，2013（6）：41－43．

［22］贾伊娜．保险类上市公司最优投资组合策略研究［D］．哈尔滨：东北农业大学，2013．

［23］黄海森，高琳．偿付能力角度下我国寿险公司资产配置研究［J］．保险职业学院学报，2014，28（6）：16－21．

［24］邹琪慧．大类监管下保险资金最优投资组合的数值模拟研究［J］．

保险职业学院学报，2015，29（2）：9 - 14.

[25] 王正，方蕾，唐甜. 保险集团最优投资和承保比例研究——基于公司风险管理视角［J］. 保险研究，2016（2）：17 - 25.

[26] 姚欣. 我国寿险资金配置现状与趋势研究——基于微观数据的分析［D］. 成都：西南财经大学，2016.

[27] 黄华继，张玲. 房产投资在家庭资产配置中的挤出效应研究——基于 Probit 模型和 Tobit 模型的实证研究［J］. 重庆文理学院学报，2017，36（6）.

[28] 张宏志. 我国保险资金运用结构优化问题的研究［D］. 北京：北京外国语大学，2017.

[29] 程闻硕. 防控通货膨胀风险视角的保险公司资产配置研究——以美国市场为例［J］. 国际经济合作，2018（4）.

[30] 段鸿济. 全球低利率周期及保险资金配置战略研究［J］. 西南金融，2017（4）.

[31] 吴杰. "偿二代"下保险公司资产配置研究［J］. 保险理论与实践，2018.

[32] 黎银霞. 中国保险资产配置的效率分析［J］. 信息系统工程，2018，293（5）.

[33] Markowitz H M . Portfolio Selection ［J］. The Journal of Finance，1952，7（1）：77 - 91.

[34] Tobin J. Liquidity Preference as Behavior Towards Risk ［J］. The Review of Economic Studies，1958，25（2）：65 - 86.

[35] Sharpe，William F . Capital Asset Prices：A Theory of Market Equilibrium Under Conditions of Risk ［J］. The Journal of Finance，1964，19（3）：425 - 442.

[36] Jr E W L，Hofflander A E. Impact of New Multiple Line Underwriting on Investment Portfolios of Property-Liability Insurers ［J］. Journal of Risk & Insurance，1966，33（2）：209 - 223.

［37］ Stowe J D, Walker M C. The Effect of Executive Stock Options on Corporate Financial Decisions ［J］. Journal of Financial Research, 1980, 3 （1）: 69 – 83.

［38］ Frost A J, Henderson I J S. Implications of Modern Portfolio Theory for Life Assurance Companies ［J］. 1983.

［39］ Babbel D F, Hogan A M B. Incentive conflicts and portfolio choice in the insurance industry. ［J］. Journal of Risk & Insurance, 1992, 59 （4）: 645.

［40］ Diamond H J M. Life Insurance Company Investment Portfolio Composition and Investment Regulation ［J］. Journal of Insurance Issues, 1998, 21 （2）: 183 – 203.

［41］ Fabozzi, Franco F J. Handbook of Emerging Fixed Income and Currency Markets ［J］. 2001.

［42］ Li D W P . The Investment Portfolio of the Life Insurance Industry in China: Peculiar Constraints and the Specialist Problem ［J］. Risk Management & Insurance Review, 2010, 9 （1）: 75 – 88.

［43］ Roy A D . Safety First and the Holding of Assets ［J］. Econometrica, 1952, 20 （3）.

［44］ Markowitz. Portfolio selection: efficient diversification of investments ［M］. New York, 1959.

［45］ Turnovsky P. Safety-First and Expected Utility Maximization in Mean-Standard Deviation Portfolio Analysis ［J］. The Review of Economics and Statistics, 1970 （1）.

［46］ Merton R C . Optimum consumption and portfolio rules in a continuous-time model ［J］. Journal of Economic Theory, 1971 （3）.

［47］ Fong H G, Vasicek O A . A Risk Minimizing Strategy for Portfolio Immunization ［J］. The Journal of Finance, 1984, 39 （5）.

［48］ Black F, Litterman R. Global Portfolio Optimization ［J］. Financial Analysts Journal, 1992, 48 （5）: 28 – 43.

［49］ Kahane Y, Levy H. Regulation in the Insurance Industry: Determination of Premiums in Automobile Insurance ［J］. Journal of Risk & Insurance, 1975, 42 (1).

［50］ Sharper, Tint. Liabilities: a new approach ［J］. Journal of Management, 1992.

［51］ Hipp C, Plum M. Optimal investment for insurers ［J］. Insurance Mathematics & Economics, 2000, 27 (2): 215 – 228.

［52］ Hipp C, Plum M. Optimal investment for investors with state dependent income, and for insurers ［J］. Finance & Stochastics, 2003, 7 (3): 299 – 321.

［53］ Gaivoronski A A, Pflug G C. Value-at-risk in Portfolio Optimization: Properties and Computational Approach ［J］. Social Science Electronic Publishing, 2005.

［54］ Lukasz Delong, Gerrard R. Mean-variance portfolio selection for a non-life insurance company ［J］. Mathematical Methods of Operations Research, 2007, 66 (27).